W0357006

BROT BACKEN

Ausgefallene und traditionelle Rezepte

BROT BACKEN

Ausgefallene und traditionelle Rezepte

Marjie Lambert

BELLAVISTA

A QUANTUM BOOK

© für diese Lizenzausgabe: Bellavista,
ein Imprint der Verlag Karl Müller GmbH, Köln 2003
www.karl-mueller-verlag.de

© der Originalausgabe: Quintet Publishing Ltd
MCMXCVII

Alle Rechte vorbehalten.
Kein Teil dieses Werkes darf ohne schriftliche Einwilligung des Verlages in irgendeiner Form (Fotokopie, Mikrofilm oder ein anderes Verfahren) reproduziert oder unter Verwendung elektronischer Systeme verarbeitet, vervielfältigt oder verbreitet werden.

ISBN 3-89893-149-8

Dieses Buch wurde produziert von
Quantum Publishing Ltd
6 Blundell Street
London N7 9BH

Titel der englischen Originalausgabe: The Bread Machine Book

Übersetzung aus dem Englischen: Cornell Ehrhardt, Goldenstedt

Printed in Singapore by
Star Standard Industries (Pte) Ltd

Hinweis:
Das vorliegende Buch ist sorgfältig erarbeitet worden. Dennoch erfolgen alle Angaben ohne Gewähr. Autoren und Verlag bzw. dessen Beauftragte können für eventuelle Personen-, Sach- oder Vermögensschäden keine Haftung übernehmen.

Für Sarah, Diane und Beverly

Der Verlag dankt der Firma Panasonic für die freundliche Unterstützung

Inhalt

Einführung

Der Duft, die Beschaffenheit und der Geschmack von frisch gebackenem Brot sind einfach einmalig. Brotbacken macht Spaß und ist mit einem Brotbackautomaten kinderleicht. Die Angst vor Hefeteigen oder die mit dem Brotbacken verbundenen Mühen gehört ab sofort der Vergangenheit an. Man braucht nicht zu befürchten, daß das Wasser zu kalt ist, um die Hefe zu aktivieren, oder so heiß, daß die Hefezellen absterben: Der Brotbackautomat reguliert die Temperatur. Man braucht nicht bis zur Erschöpfung Teig zu kneten: Das Gerät übernimmt den gesamten Knetvorgang. Man muß sich keine Sorgen darüber machen, ob Kalt- oder Zugluft das Gehen des Teigs beeinträchtigt: Der Teig ist in der Maschine geschützt. Von dunklem, schwerem Pumpernickel bis zu federleichtem Weißbrot und süßem Panettone erfordert das Backen dieser köstlichen Brote nicht mehr als das Abmessen der Zutaten in dem in der Regel mitgelieferten Becher **(1 Becher entspricht 250 ml).** Und da die meisten Geräte über eine Zeitvorwahl verfügen, kann man die Zutaten vor dem Zubettgehen in den Teigbehälter geben, um zum Frühstück ein herrlich duftendes, frisch gebackenes Brot essen zu können.

Mit einem Brotbackautomaten können Sie endlos viele verschiedene Brotsorten zubereiten, die auf Ihren persönlichen Geschmack, Ihre Vorräte und die Jahreszeit abgestimmt sind. Reichern Sie Ihr Lieblingsbrot durch Weizenschrot mit mehr Ballaststoffen an, oder verzieren Sie einen Hefezopf mit Mandelstiften.

Brotbackautomaten haben allerdings auch ihre Schwächen. Die meisten Geräte sind bei den Knet-, Geh- und Backprozessen unflexibel: Sie pürieren Früchte und Nüsse, die zu Beginn des Knetvorgangs zugegeben werden, und sie haben eine geringe Toleranz bei Teigen, die zu fest oder zu weich sind. Neuere Modelle bieten jedoch unterschiedliche Programme für verschiedene Arten von Brot – Vollkornbrot muß länger gehen als Weißbrot, Gebäck braucht eine kürzere Backzeit.

Wer noch flexibler sein möchte, nutzt das Gerät einfach nur zum Kneten, nimmt den Teig anschließend heraus, läßt ihn gehen und backt das Brot nach eigenem Zeitplan.

In diesem Buch sind sämtliche Teige und Brote mit einem Backautomaten der Firma Goldstar hergestellt bzw. gebacken worden. Dementsprechend sind in den Rezepten die Tasten- und Funktionsbezeichnungen des Goldstar-Geräts angegeben. Falls Sie einen anderen Brotbackautomaten haben, lesen Sie in Ihrer Gebrauchsanweisung nach, welche Funktionen Sie analog zu diesen Angaben wählen müssen.

Wissenswertes über den Brotbackautomaten

Wie bei allen neuen Küchengeräten müssen Sie sich auch bei einem Brotbackautomaten mit seinen speziellen Eigenheiten vertraut machen. Manche Geräte kneten länger als andere oder haben längere Gehzeiten. Manche Teigbehälter haben ein unterschiedliches Fassungsvermögen, obwohl sie mit der gleichen Größe angegeben sind. Manche Modelle brauchen etwas mehr Flüssigkeit oder Hefe.

Um sich mit einer neuen Maschine oder diesem Buch vertraut zu machen, beginnt man am besten mit einem einfachen Rezept, wie etwa einem Weißbrot, und schaut sich das Resultat an. Häufige Backfehler und ihre möglichen Ursachen sind auf den Seiten 14 bis 15 zusammengestellt.

SICHTFENSTER
DECKEL
BEDIENUNGSFELD
GRIFF
MESSBECHER
TEIGBEHÄLTER
KNETHAKEN
GoldStar

Als erstes alle benötigten Zutaten bereitstellen. Darauf achten, daß die Hefe frisch ist. Alle Zutaten sollten Raumtemperatur haben. Kalte Flüssigkeiten und Butter lassen sich im Mikrowellengerät anwärmen (ich gebe die Butter gewöhnlich zur Flüssigkeit und erhitze beides zusammen). Ein kaltes Ei kann man etwa 5 Minuten in der Hand halten, während man das Rezept noch einmal liest, oder in eine Schüssel mit Wasser legen, das nicht wärmer als 25 °C ist. Tiefgefrorene Hefe sollte man einige Zeit liegen lassen, damit sie Raumtemperatur annimmt. Hefe, die im Kühlschrank aufbewahrt wurde, kann dagegen ohne Wartezeit zugefügt werden, da sie sehr rasch Raumtemperatur annimmt. Hefe nie in die Mikrowelle legen.

Darauf achten, daß der Knethaken fest auf dem Stift am Boden des Teigbehälters sitzt. Die Zutaten in der vom Gerätehersteller empfohlenen Reihenfolge zufügen – sie kann je nach Maschine unterschiedlich sein. Bei Einsatz der Zeitvorwahl oder des Timers kann sich die Reihenfolge ändern; siehe »Zeitvorwahl«. Den Teigbehälter ordnungsgemäß in das Gerät einsetzen. Auf dem Bedienungsfeld das entsprechende Programm laut Anweisungen des Geräteherstellers wählen und auf »Start« drücken.

Die Teigkonsistenz ist richtig, wenn sich während des Knetens eine recht glatte Teigkugel bildet, die sich etwas klebrig anfühlt und nur wenig nachgibt, wenn der Knethaken zum Stehen kommt. Bleibt der Abdruck des Knethakens nach dem Mischen der Zutaten im Teig sichtbar und sehen die Ränder »ausgefranst« aus, etwas mehr Flüssigkeit zugeben. Dazu zunächst einen Eßlöffel Flüssigkeit und dann nach und nach teelöffelweise weitere Flüssigkeit zufügen, damit der Teig die flüssigen Zutaten zwischendurch aufnehmen kann. Ist der Teig so weich, daß er seine Form verliert, sobald der Knethaken stehen bleibt, eßlöffelweise mehr Mehl zugeben. Diese Hinweise gelten für die meisten Brotsorten, doch muß der Teig bei einigen Rezepten auch etwas fester oder weicher sein. Während des Knetvorgangs kann man den Deckel bedenkenlos öffnen und den Teig beobachten. Lediglich während des Gehens und Backens beeinträchtigt das Öffnen der Maschine die Temperaturführung.

Den Knethaken fest auf den Stift am Boden des Teigbehälters stecken.

Die Zutaten in der empfohlenen Reihenfolge in den Behälter geben.

Den Teigbehälter ordnungsgemäß in die Maschine einsetzen.

Wenn das Brot fertig ist, sollte es unverzüglich aus dem Gerät genommen werden. Andernfalls kondensiert der vom Brot abgegebene Dampf im Behälter und die Kruste weicht durch. Das Brot vor dem Anschneiden 20 bis 30 Minuten abkühlen lassen.

ZUGABEN

Früchte und Gemüse, die man zu Beginn des Knetvorgangs zufügt, werden püriert oder zu winzigen Stücken zerkleinert. Sollen Rosinen ganz oder andere Früchte als größere Stücke erhalten bleiben, gibt man sie 10 bis 15 Minuten nach Beginn des Knetens zu. Bei den meisten neueren Geräten zeigt ein Signalton den Zeitpunkt für die Zugabe von Früchten oder dergleichen an.

Wird die Zeitvorwahl benutzt und alle Zutaten kommen gleichzeitig in den Teigbehälter, muß der Flüssigkeitsgehalt der Zugaben berücksichtigt werden. Saftige getrocknete Aprikosen oder geröstete rote Paprikaschoten können ein bis zwei Eßlöffel Flüssigkeit abgeben, wenn sie den gesamten Knetprozeß durchlaufen. Auch stark zuckerhaltige Zugaben, wie kandierte Früchte, sollten erst gegen Ende des Knetvorgangs zugefügt werden, da allzuviel Zucker die Wirkung der Hefe beeinträchtigen kann.

ZEITVORWAHL

Benutzt man die Zeitvorwahl oder den Timer des Backautomaten, so daß die Brotzubereitung zeitlich verzögert erfolgt, müssen die Zutaten so eingefüllt werden, daß die Hefe zuvor nicht mit Flüssigkeit in Berührung kommt. Allgemein sollte man zuerst alle Flüssigkeiten, dann alle trockenen Zutaten und als letztes die Hefe in den Teigbehälter geben. Salz und Weizenkeime können ebenfalls die Wirkung der Hefe beeinträchtigen, wenn sie in größeren Mengen längere Zeit mit ihr in Kontakt kommen.

Bei Rezepten, die leichtverderbliche Zutaten wie Eier oder Frischkäse enthalten, sollte der Timer nicht benutzt werden, wenn die zeitliche Verzögerung eine Stunde überschreitet. Vollmilch läßt sich durch Wasser und Milchpulver ersetzen (3 Eßlöffel Milchpulver auf 225 g Wasser), wobei man das Milchpulver mit den übrigen trockenen Zutaten einfüllt, damit es vorab nicht mit dem Wasser in Berührung kommt.

IM OFEN GEBACKENES BROT

Alle Brote in diesem Buch können auch in einem konventionellen Ofen gebacken werden. Ich benutze für die meisten Brote eine knapp 25 cm große Kastenform. Für die 750-g-Rezepte, die mit Weizenmehl TYPE 405 oder TYPE 550 zubereitet werden, benötigt man möglicherweise eine etwas größere Form. Die 500-g-Brote, die Roggenmehl oder andere kleberarme Mehle enthalten, kann man zwar in der 25-cm-Kastenform backen, in einer 20 cm großen Kastenform werden sie aber höher und schöner. Sofern sich in den Rezepten keine anderen Angaben finden, werden die Brote im allgemeinen 30 bis 35 Minuten bei 180 °C gebacken.

OBEN Bagels (Seite 85)

Brotbackzutaten

Brot gibt es bereits seit der Prähistorik. Damals buk man ein hartes Fladenbrot aus gemahlenem Getreide oder Bucheckern und Wasser. Das erste weiche, lockere Brot wurde vermutlich um 4000 v. Chr. in Ägypten gebacken. Es entstand, weil der Teig – sei es aus Vergeßlichkeit oder gewollt – einige Stunden liegen geblieben war und durch wilde Hefen aus der Luft angefangen hatte zu gären. Als man den Teig dann zum Backen auf die Feuerstelle legte, ging er auf. Der Sauerteig war erfunden. In der Folgezeit bemühten sich die Brotbäcker, den säuerlichen Geschmack auf ein Minimum zu reduzieren, gleichzeitig aber die Triebkraft des Sauerteigs zu nutzen. Später entdeckte man dann ein gärendes Nebenprodukt der Bierbrauerei, das einen weniger sauren Geschmack bewirkte. »Bäckerhefe« im eigentlichen Sinne gibt es jedoch erst seit dem 19. Jahrhundert, als es gelang, Brauereihefe zu Preßhefe zu verarbeiten.

Bei einfachen Broten gärt die durch warmes Wasser aktivierte und durch Zucker genährte Hefe. Es entstehen winzige Kohlendioxydbläschen, die den Teig aufgehen lassen. Kleber oder Gluten, ein elastisches Eiweiß im Teig, vergrößert die Gasbläschen und wirkt stabilisierend. Je mehr Kleber das Mehl enthält, desto besser geht das Brot.

Mehl

Gerste, Hirse, Hafer, Roggen und Weizen werden in Europa und Asien seit Jahrtausenden zu Mehl gemahlen. Mais war ein in Nord- und Südamerika verbreitetes Getreide. Nur Weizen und in geringerem Maß auch Roggen enthalten Kleber, der zum Backen gesäuerter Brote nötig ist. Die anderen Getreidesorten sollte man zum Brotbacken zusammen mit Weizenmehl verwenden.

Weizenmehl

Weizenmehl, das am häufigsten verwendete Mehl, wird aus Weizenkörnern gemahlen. Die Körner bestehen aus drei Teilen: den äußeren Randschichten oder der Kleie, dem kleinen Keim im Inneren sowie dem Mehlkörper, der den Keim nährt.

Weizen- wie Roggenmehl wird nach dem Ausmahlungsgrad unterschieden, den man mit dem Begriff »TYPE« und einer bestimmten Zahl kennzeichnet. Eine niedrige Typenzahl bedeutet also einen niedrigen Ausmahlungsgrad – die balaststoff-, eiweiß- und mineralstoffreichen Randschichten fehlen fast ganz. Je höher der Ausmahlungsgrad ist, desto größer ist der Anteil an Randschichten des Korns. Weizenmehl gibt es in den folgenden TYPEN: 405, auch Auszugsmehl genannt, für Feingebäck und Kuchen; 550 für helles Kleingebäck und Brötchen; 812 für dunkleres Kleingebäck; 1050 für Graubrote und dunklere Weizenbrote; 1600, Backschrot, für Schrotbrote.

Weizenvollkornmehl enthält die Bestandteile des vollen Korns, Kleie, Keim und Mehlkörper, und im Verhältnis weniger Gluten als weißes Mehl. Es geht langsamer und nicht so stark und kann einen leicht bitteren Geschmack haben. Viele Weizenvollkornbrote werden daher aus einer Mischung aus Vollkornmehl und weißem Mehl gebacken. Bäcker setzen dem Teig mitunter Weizenkleber zu, damit die Brote stärker aufgehen.

Grahammehl, benannt nach dem amerikanischen Arzt Samuel Graham (1794–1851), einem Verfechter gesunder Ernährung, ist ein grobgemahlenes Weizenvollkornmehl aus Winterweichweizen. Es besitzt weniger Gluten als Weizenvollkornmehl und geht weniger stark. Die Qualität von Grahammehl ist recht unterschiedlich. Einige Hersteller vermischen minderwertiges Mehl mit Weizenkleie und bezeichnen es als Grahammehl.

Hartweizengrieß wird aus Winterhartweizen hergestellt und hat einen hohen Klebergehalt. Er findet hauptsächlich für Pasta Verwendung, ergibt zusammen mit anderem

OBEN Panettone (Seite 123)

Mehl aber auch köstliche Brote. Brote, die ausschließlich aus Hartweizengrieß bestehen, sind schwer.

Triticale ist eine Kreuzung aus Roggen und Weizen. Es hat einen hohen Eiweißgehalt und den Klebergehalt von Weizen, ist aber gleichzeitig so robust wie Roggen und wird am besten zusammen mit Weizenmehl verwendet. Es ist eine spezielle Züchtung für die ärmeren Regionen der Welt, da es unter einfachsten Bedingungen gedeiht.

WEITERE MEHLSORTEN

Andere Mehlsorten als Weizenmehl enthalten wenig oder gar kein Gluten und sollten mit Weizenmehl kombiniert werden, sofern aus gesundheitlichen Gründen kein glutenfreies Brot erforderlich ist.

Roggen ist ein robustes Getreide, das im Gegensatz zu Weizen gut in kalten, feuchten Klimaregionen – wie Skandinavien und Rußland – gedeiht. Roggenmehl enthält etwas Kleber, muß aber mit Weizenmehl gemischt werden. Roggenmehl ist in den folgenden TYPEN auf dem Markt: 815 für helleres Kleingebäck; 997 für helle Roggenbrote; 1150 für Graubrote; 1370 für Kommißbrote und Mischbrote; 1740, Backschrot, für Schrotbrote.

Amaranth war ein Hauptnahrungsmittel der Azteken. Die Körner haben ein nussiges, leicht würziges Aroma. Sie enthalten mehr Eiweiß als die meisten anderen Mehlsorten, aber wenig Kleber.

Gerstenmehl gibt es schon seit der Steinzeit. Es hat einen leicht süßen Geschmack, eine weiche Textur und einen niedrigen Glutengehalt.

Buchweizenmehl wird aus den dreieckigen Früchten eines Knöterichgewächses gemahlen. Es verleiht Broten einen herzhaften, erdigen Geschmack. Es ist reich an Fetten und hat einen geringen Klebergehalt.

Maismehl wird aus ganzen Maiskörnern gemahlen und verleiht Broten ein süßes Aroma. Es ist kleberfrei. Maisstärke wird nur aus dem Mehlkörper gemahlen.

Hirsemehl, das es bereits im Neolithikum gab und das ein Hauptnahrungsmittel in Teilen Afrikas und Asiens ist, gibt Broten eine gelbliche Farbe und eine angenehm körnige Krume. Es enthält wenig Gluten.

Hafermehl aus feingemahlenen Haferkörnern hat einen sehr niedrigen Glutengehalt und muß mit Weizenmehl vermischt werden, enthält aber viel Eiweiß.

Quinoa-Mehl aus den Samen eines uralten Gänsefußgewächses aus Peru gibt Brot ein nussiges Aroma. Es enthält viel Eiweiß und ist glutenfrei.

Reismehl, das am häufigsten für glutenfreie Brote Verwendung findet, wird aus geschältem oder ungeschältem Reis gemahlen. Brote aus Reismehl haben einen süßen Geschmack und eine klebrige Krume. Braunes Reismehl enthält die Randschichten des Reiskorns.

Sojamehl gibt Broten eine saftige Krume und hat einen sehr hohen Eiweißgehalt, sollte aber sparsam verwendet werden, da es einen etwas bitteren Geschmack aufweist. Es ist glutenfrei.

GETREIDEERZEUGNISSE

Einige dieser Getreideerzeugnisse sind auch in Supermärkten und Lebensmittelgeschäften erhältlich, die meisten jedoch bekommt man nur in Reformhäusern oder Naturkostläden. Sie verleihen Broten zusätzlich Geschmack und Struktur, lassen sie aber nicht besser aufgehen. Man sollte sie in kleinen Mengen zugeben, im allgemeinen 2 bis 4 Eßlöffel für ein 500-g-Brot.

WEIZEN

Weizen ist in vielen Formen erhältlich. Ganze Körner sind jedoch zu hart, um so gegessen zu werden. Man sollte sie daher entweder keimen lassen (die Körner mehrere Tage in Wasser einweichen und das Wasser wenigstens zweimal am Tag erneuern) oder garen (die Körner in reichlich Wasser 1 Stunde kochen).

Weizenschrot besteht aus grob zerkleinerten ganzen Weizenkörnern, sollte aber ebenfalls 30 bis 40 Minuten gekocht werden, da es sonst zu hart ist.

Bulgur besteht aus vorgekochten, gedarrten und geschroteten Weizenkörnern und gibt Broten einen angenehmen Biß. Bulgur zum Garen 6 Minuten in Wasser kochen und anschließend gut abtropfen lassen.

Weizenkleie ist die äußere Hülle des Korns und hat zumeist die Form von Flocken. Sie beeinträchtigt die Elastizität des Klebers und sollte nur in kleinen Mengen verwendet werden.

Weizenkeime sind der innere Keim des Getreidekorns. Sie sind reich an Nährstoffen und haben ein nussiges Aroma. Wegen ihres hohen Fettgehalts sollte man sie im Kühlschrank aufbewahren, da sie sonst leicht ranzig werden.

Kleie-Cerealien, wie Bran-Flakes oder All-Bran, werden aus Weizenkleie und anderen Zutaten hergestellt, darunter Zucker und Salz, und können geröstet sein. Sie verleihen Broten ein gutes Aroma und eine schöne Krume.

ANDERE GETREIDESORTEN

Hirse kann man Broten in kleinen Mengen als ganze ungeschälte Körner zugeben.

Hafer ist das nährstoffreichste Getreide. Hafermehl ist in diesem Buch gleichbedeutend mit herkömmlichen Haferflocken (keine Schmelz- oder Instant-Flocken). Bei der Herstellung werden die Körner geschält, gedämpft, gedarrt und zu Flocken gewalzt. Haferflocken nehmen dickere Flüssigkeiten wie etwa Buttermilch oder Apfelmus mitunter nur schlecht auf. Bei Verwendung solcher Flüssigkeiten werden sie meist mit etwas kochendem Wasser übergossen, bevor die anderen Zutaten zugefügt werden.

Haferkleie ist die Randschicht der Haferkörner und reich an löslichen Ballaststoffen. Haferkleie kann den Kleber im Brotteig beeinträchtigen und sollte in kleinen Mengen – zwischen 55 g und 115 g für ein 500-g-Brot – verwendet werden.

HEFE

Hefezellen sind lebende Organismen, die aktiviert werden, wenn sie mit warmer Flüssigkeit in Kontakt kommen. Hefe gärt, wenn sie durch Zucker genährt wird – deshalb enthalten die meisten Brotrezepte wenigstens einen Teelöffel Zucker. Sie ernährt sich jedoch auch von Mehl. In diesem Buch wird ausschließlich Trockenhefe verwendet, die in Lagerung und Verwendung sehr unkompliziert ist.

SALZ

Salz kräftigt den Kleber. Salzlose Brote gehen zwar schön auf, fallen aber wieder zusammen. Salz in zu hohen Konzentrationen beeinträchtigt jedoch ebenfalls die Gärung der Hefe. Salz und Hefe sollten daher immer erst beim Vermischen der Zutaten miteinander in Berührung kommen.

SÜSSMITTEL

Hefe gärt am besten, wenn sie durch Zucker genährt wird. Zucker wirkt außerdem konservierend und trägt zur goldbraunen Farbe der Kruste bei. Zuviel Zucker beeinträchtigt allerdings das Gärvermögen der Hefe und läßt das Brot zusammenfallen. Die meisten Hefebrote und -brötchen sind nicht übermäßig süß, selbst wenn es sich um Dessertbackwaren handelt. Sie erhalten ihre Süße im allgemeinen erst nach dem Backen durch eine Glasur, einen Überzug aus Zucker oder dergleichen.

Die Zugabe von kandierten Früchten stellt bei Brotbackautomaten ein besonderes Problem dar. Gewöhnlich verwendet man sie für Brote, die bereits einige Eßlöffel Zucker oder ein anderes Süßmittel enthalten. Beim Kneten werden die kandierten Früchte stark zerkleinert, so daß der Teig weiter mit Zucker angereichert wird. Kandierte Früchte sollten deshalb erst gegen Ende des Knetvorgangs zugefügt oder von Hand untergeknetet werden, wenn man das Brot im Ofen backt.

Zucker verbrennt auch leicht. Immer mehr Brotbackautomaten verfügen daher über ein besonderes Programm mit kürzerer Backzeit für süße Brote. Ist dies bei Ihrem Modell nicht der Fall, wählen Sie das Backprogramm mit der Bräunungsstufe »hell«.

Bei kleinen Mengen – 1 oder 2 Eßlöffel – lassen sich Zucker, brauner Zucker, Honig und Melasse im gleichen Verhältnis gegeneinander austauschen. Man kann immer weißen Zucker durch braunen Zucker ersetzen. Honig ist zumeist etwas süßer als Zucker. Enthält ein Rezept mehr als 2 Eßlöffel Süßmittel, ersetzt man drei Teile Zucker durch zwei Teile Honig – also beispielsweise 3 Eßlöffel Zucker durch 2 Eßlöffel Honig. Melasse ist nicht so süß wie Zucker. Ersetzt man mehr als zwei Eßlöffel, nimmt man vier Teile Melasse für drei Teile Zucker. Dekorierzucker, nicht zu verwechseln mit Puderzucker, enthält Stärke und sollte daher nicht als Süßmittel für Brote verwendet werden.

Weniger bekannte Süßmittel sind Ahorn- und Maissirup. Ahornsirup läßt sich im gleichen Mengenverhältnis anstelle anderer Süßmittel verwenden. Maissirup ist weniger süß als Zucker; deshalb sollte ein Teil Zucker durch die doppelte Menge Maissirup ersetzt werden.

Flüssige Süßmittel, wie Honig, Melasse, Maissirup und Ahornsirup, sollten zum Gesamtflüssigkeitsgehalt der Zutaten hinzugerechnet werden. Wenn man ein flüssiges Süßmittel durch ein trockenes ersetzt oder umgekehrt, ändert sich die Menge der flüssigen Zutaten entsprechend.

FLÜSSIGKEITEN

Die Palette an Flüssigkeiten, die man zum Brotbacken verwenden kann, ist beinahe unbegrenzt. Üblich sind vor allem Wasser, Milch, Buttermilch, Eier, Bier und Kartoffelwasser, doch gibt es durchaus auch Rezepte mit Wein, Orangensaft oder anderen Flüssigkeiten. Saure Sahne, Joghurt und Frischkäse sollten wie Flüssigkeiten betrachtet werden, auch wenn ihre Konsistenz und die benötigte Menge an anderen Flüssigkeiten unterschiedlich ist. Pürierte Früchte und Gemüse, wie Apfelmus und Kartoffelbrei, enthalten ebenfalls Flüssigkeit. Wasser, in dem Kartoffeln gekocht wurden, gibt Brot zusätzlich Aroma, Nährstoffe und eine weichere Krume.

Durch Wasser bekommt Brot eine knusprigere Kruste. Leitungswasser ist im allgemeinen gut geeignet, doch kann weiches (säurereiches) Wasser den Brotteig weich und klebrig machen und hartes (alkalisches) Wasser die Gärung der Hefe beeinträchtigen.

Durch Milch erhält das Brot eine weichere Rinde und eine stärkere Bräunung. Vollmilch, teilentrahmte Milch und Magermilch lassen sich im Verhältnis 1:1 gegeneinander austauschen. Milchpulver ist sehr nützlich zum Brotbacken, vor allem wenn man den Timer benutzt und die Zutaten über Nacht bei Raumtemperatur stehen läßt. Milchpulver wird auch verwendet, wenn das Rezept eine andere Flüssigkeit enthält – wie etwa Bier oder Apfelmus –, die Kruste aber dennoch goldbraun und schön weich werden soll. Nehmen Sie 3 Eßlöffel Milchpulver auf 250 ml Flüssigkeit.

Buttermilch gibt Broten eine zarte Krume und einen leicht säuerlichen Geschmack. Sie erhöht den Säuregehalt im Teig und muß unter Umständen durch eine Messerspitze Natron neutralisiert werden.

EIER

Eier geben Brot eine weichere Rinde sowie ein volleres Aroma und fördern die Gärung. Für die Rezepte in diesem Buch wurden große Eier verwendet, die eine Flüssigkeitsmenge von ungefähr 60 ml haben. Wenn Ei Charakter und Geschmack eines Brotes bestimmt, benötigen die Rezepte zusätzlich 1 Eigelb. Bei Broten, die Eier enthalten, sollte man die Zeitvorwahl nicht einsetzen, es sei denn, die zeitliche Verzögerung beträgt nicht mehr als eine Stunde.

FETTE

Fette werden bei den meisten Broten sparsam verwendet, sind aber wichtig. Sie wirken konservierend und sorgen für eine schöne Krume. Französisches Brot wird rasch trocken, weil es kein Fett enthält. Weiche Butter, Margarine, Pflanzenöl, gehärtetes Pflanzenfett und Schweineschmalz können gegeneinander ausgetauscht werden. Bei kleinen Mengen gibt es keine nennenswerten Unterschiede. Ersetzt man jedoch mehr als einen Eßlöffel festes Fett durch flüssiges Fett oder umgekehrt, muß die übrige Flüssigkeitsmenge entsprechend verändert werden.

Häufige Backfehler

ZUVIEL ODER ZUWENIG FLÜSSIGKEIT

Die häufigste Ursache von Problemen beim Brotbacken in einem Brotbackautomaten ist zuviel oder zuwenig Flüssigkeit. Bedenken Sie, daß Mehl Feuchtigkeit aus der Luft aufnimmt. Ein Brot gelingt deshalb das eine Mal perfekt, das andere Mal aber nicht, obwohl es nach dem gleichen Rezept zubereitet wurde. Bei feuchter Witterung kann das Mehl bereits 1 oder 2 Eßlöffel Flüssigkeit aus der Luft aufgenommen haben. Fügt man dann die gewohnte Flüssigkeitsmenge hinzu, kann es wie ein Pilz aufgehen und zusammenfallen oder eine großporige, löchrige Krume bekommen. Umgekehrt braucht das Mehl bei sehr trockenem Wetter vielleicht etwas zusätzliche Flüssigkeit, da es sonst allzu fest und schwer werden oder an der Oberfläche aufreißen kann.

Prüfen Sie den Teig etwa 10 Minuten nach Beginn des Knetvorgangs. Er sollte glatt, weich und etwas klebrig sein und sich ein wenig setzen, aber seine Form behalten, wenn der Knethaken zur Ruhe kommt. Ist der Teig zu weich, setzt er sich rasch, wenn der Knethaken stehen bleibt, und verliert seine Form. In diesem Fall 1 Eßlöffel Mehl zugeben. Ist der Teig steif, am Rand rissig und bleiben Abdrücke des Knethakens länger als einige Sekunden sichtbar, 1 Eßlöffel Flüssigkeit zufügen.

TEMPERATUR

Alle Zutaten sollten Raumtemperatur haben. Doch die »Raumtemperatur« kann bei sehr heißem Wetter zu hoch und bei sehr kaltem Wetter zu niedrig sein. Sind die Zutaten zu kalt, setzt die Gärung der Hefe möglicherweise nicht rasch genug ein. Sind sie zu warm – etwa an einem heißen Sommertag –, kann der Teig zu stark gehen und über den Rand des Teigbehälters laufen.

ZUGABE VON FRÜCHTEN UND GEMÜSE

Durch die Zugabe von Früchten und Gemüse kann ebenfalls zuviel Flüssigkeit in den Teig gelangen. Wenn man Früchte oder Gemüse zu Beginn des Knetvorgangs zufügt, werden sie zerrieben und geben mehr Flüssigkeit ab, als wenn man sie nach dem Signalton oder nach dem ersten Knetvorgang zugibt. Wenn Sie die Zeitvorwahl benutzen, Früchte oder Gemüse zu Beginn zufügen müssen und die Teigkonsistenz während des Knetens nicht kontrollieren können, sollten Sie bei der Menge der Flüssigkeit folgendes beachten: Bei trockeneren Zugaben, wie Rosinen oder sonnengetrockneten Tomaten, die Gesamtflüssigkeit um 1 bis 2 Teelöffel und bei feuchteren Zugaben, wie geraspelten Äpfeln oder gerösteten Paprikaschoten, um 1 bis 2 Eßlöffel reduzieren.

PROBLEME UND IHRE MÖGLICHEN URSACHEN

BROT FÄLLT ZUSAMMEN

- Zuviel Flüssigkeit. Die Flüssigkeit das nächste Mal um 2 Eßlöffel reduzieren. Die Teigkonsistenz während des Knetens beobachten und nach Bedarf etwas mehr Flüssigkeit oder Mehl zugeben, so daß ein fester, etwas klebriger Teig entsteht.
- Kein Salz verwendet. Der Kleber braucht zur Stabilisierung etwas Salz, wenn der Teig geht. Die Mindestmenge für ein 500-g-Brot ist 1/2 Teelöffel, für ein 750 g-Brot 3/4 Teelöffel.
- Zuviel Zucker. Die Zuckermenge das nächste Mal um 1 Eßlöffel reduzieren. Im allgemeinen kommt es zu Problemen, wenn man für ein 500-g-Brot mehr als 1/4 Becher Zucker und für ein 750-g-Brot mehr als 6 Eßlöffel Zucker verwendet. Es gibt natürlich auch eine Reihe von Rezepten, die mit mehr Zucker gelingen. Vergessen Sie nicht, daß zuckerhaltige Zugaben wie kandierte Früchte die Zuckermenge erhöhen.

BROT HAT EINE VERBRANNTE RINDE, ABER EINE SCHÖNE KRUME

- Durch zuviel Zucker kann die Rinde verbrennen. Wählen Sie das Süßbackprogramm und/oder die Bräunungsstufe »hell«. Verbrennt die Kruste dennoch – oder verfügt Ihr Gerät nicht über diese Einstellungen –, die Menge an Zucker (oder anderem Süßmittel) um 1 Eßlöffel verringern. Eine andere Möglichkeit ist es, das Brot 5 Minuten vor Ende der Backzeit aus dem Gerät zu nehmen oder es in einer Kastenform konventionell im Ofen zu backen.

BROT IST IN DER MITTE NICHT DURCHGEBACKEN

- Zuviel Flüssigkeit oder zuwenig Mehl. Die Flüssigkeit das nächste Mal um 1 bis 2 Eßlöffel reduzieren oder – wenn der Teigbehälter ein entsprechend großes Fassungsvermögen hat – 2 bis 4 Eßlöffel mehr Mehl verwenden. Die Teigkonsistenz während des Knetens prüfen und nach Bedarf noch etwas Mehl oder Flüssigkeit zugeben, so daß der Teig fest, aber noch etwas klebrig ist. Häufig gelingen die gleichen Backwaren – speziell aus süßem Teig wie Gugelhupf oder Panettone – ausgezeichnet, wenn man sie auf konventionelle Weise im Ofen bäckt. Dazu das Teigprogramm wählen, den fertigen Teig herausnehmen, kurz durchkneten und in eine mit Butter eingefettete Backform legen. An einem warmen Platz 45 Minuten bis 1 Stunde gehenlassen, dann etwa 30 Minuten bei 190 °C backen.

- Hat ein süßes Brot klebrige Stellen, den Zucker oder das Süßmittel um 1 Eßlöffel reduzieren.

BROT HAT EINE RISSIGE KRUSTE UND/ODER EINE SCHWERE, KOMPAKTE KRUME

- Zuwenig Flüssigkeit oder zuviel Mehl. Faßt der Teigbehälter auch ein größeres Brot, die Flüssigkeitsmenge um 1 bis 2 Eßlöffel erhöhen; andernfalls 2 bis 4 Eßlöffel weniger Mehl nehmen. Die Teigkonsistenz während des Knetens prüfen und nach Bedarf noch etwas Flüssigkeit oder Mehl zugeben, so daß ein fester, aber etwas klebriger Teig entsteht. (Tip: Wird der Meßbecher mehrmals aufgeklopft, damit sich das Mehl setzt, ist die Mehlmenge möglicherweise zu groß.)
- Zuviel glutenarmes Mehl. Brot, das ausschließlich aus Roggen- oder auch aus Weizenvollkornmehl besteht, wird schwer und kompakt. Ist dies nicht beabsichtigt, einen Teil des Roggen- oder Weizenvollkornmehls durch Weizenmehl TYPE 405 oder TYPE 550 ersetzen. Oder Weizenkleber zugeben.
- Zuviele andere Zutaten, wie Haferflocken, Weizenkeime, Früchte oder Nüsse, im Verhältnis zum Mehl. Ist der Teigbehälter ausreichend groß, knapp 60 g Mehl und etwa 2 Eßlöffel Flüssigkeit zufügen. Andernfalls die Menge an Zugaben verringern.
- Trockene Körner oder dergleichen haben zuviel Flüssigkeit aufgenommen. 1 bis 2 Eßlöffel Flüssigkeit zugeben.

BROT HAT EINE ABGEBACKENE OBERRINDE MIT LUFT DARUNTER ODER BLASEN IN DER KRUME

- Zuviel Flüssigkeit. Die Flüssigkeit um 1 bis 2 Eßlöffel reduzieren. Die Teigkonsistenz während des Knetens kontrollieren und nach Bedarf noch etwas Flüssigkeit oder Mehl zufügen.
- Zuviel Hefe. Die Hefemenge bei einem kleinen Brot um 1/4 Teelöffel, bei einem größeren Brot um 1/2 Teelöffel reduzieren.

BROT GEHT ZU STARK AUF

- Zuviel Hefe. Die Hefemenge um 1/2 Teelöffel reduzieren.
- Zuviel Flüssigkeit, vor allem bei großen Luftblasen in der Krume. Die Flüssigkeit um 1 bis 2 Eßlöffel reduzieren, die Teigkonsistenz beim Kneten prüfen, nach Bedarf etwas Mehl zugeben, damit der Teig fest, aber noch etwas klebrig ist.
- Kein Salz verwendet. Salz stabilisiert den Kleber und verhindert das Zusammenfallen, bewirkt aber auch, daß die Hefe nicht zu stark gärt.

BROT GEHT NICHT HOCH GENUG

- Nicht genügend Hefe. Die Hefe um 1/2 Teelöffel erhöhen.
- Die Hefe war alt. Zum Überprüfen der Gärfähigkeit 2 Teelöffel Hefe mit 1/2 Becher lauwarmem Wasser (38 °C–40 °C) verrühren. Entwickelt sich innerhalb von 5 bis 10 Minuten keine dicke Schaumkrone, die Hefe wegwerfen.
- Sie haben das Schnellbackprogramm gewählt, bei dem das Brot wegen der zeitlichen Verkürzung nicht so stark aufgehen kann.
- Die zugefügte Flüssigkeit war zu heiß – über 45 °C – und hat die Hefezellen abgetötet.
- Zuwenig Flüssigkeit. Die Flüssigkeit um 1 Eßlöffel erhöhen.
- Zuviel Zucker (Honig, Melasse etc.) kann die Gärfähigkeit der Hefe beeinträchtigen. Enthält das Brot viel Zucker (oder Zugaben wie kandierte Früchte), die Zuckermenge um 1 Eßlöffel reduzieren oder 1/4 Teelöffel mehr Hefe nehmen. Umgekehrt wirkt Hefe am besten, wenn der Teig wenigstens 1 Teelöffel Zucker enthält. Obwohl einige Rezepte, wie etwa Baguette, ohne Süßmittel auskommen, gärt Hefe mit einer kleinen Menge Süßmittel besser.
- Der Teig enthält zuviel glutenarmes Mehl. Die Menge an Weizenmehl erhöhen.
- Das Leitungswasser ist zu hart (alkalisch). 1 Teelöffel Zitronensaft oder Essig zugeben.
- Zuviel Salz. Möglicherweise verursacht durch die Zugabe salziger Zutaten, wie gesalzene Nüsse, ohne daß die Salzmenge reduziert wurde.
- Salz und Hefe sind zu früh miteinander in Kontakt gekommen, so daß die Hefezellen abgestorben sind.
- Der Gerätedeckel wurde während der Gehphase geöffnet, so daß warme Luft entweichen konnte.

Einfache Brote

Einfaches Weissbrot

Dieses Grundrezept für Weißbrot bietet die Möglichkeit, Mehl und Hefe von verschiedenen Herstellern auszuprobieren und durch leichtes Verändern der Zutatenmengen zu experimentieren.

500 GRAMM	ZUTATEN	750 GRAMM
1/2 Becher	Wasser	3/4 Becher
4 EL	Milch	6 EL
1 EL	Butter	1 1/2 EL
1 EL	Zucker	1 1/2 EL
1 TL	Salz	1 1/2 TL
2 Becher	Weizenmehl	3 Becher
2 TL	Trockenhefe	1 EL

ZUBEREITUNG

Die Zutaten in der vom Gerätehersteller empfohlenen Reihenfolge in den Teigbehälter des Brotbackautomaten geben. Das Programm für Weißbrot (Bräunungsstufe: mittel) wählen und auf Start drücken.

Helles Weizenbrot

Dieses kompakte, leicht süße Brot hat einen hohen Anteil an Weizenvollkornmehl und eignet sich gut zum Toasten oder für Sandwiches.

500 GRAMM	ZUTATEN	750 GRAMM
1/2 Becher	Milch	3/4 Becher
4 EL	Wasser	6 EL
2 EL	Butter	3 EL
3 EL	Zucker	4 1/2 EL
3/4 TL	Salz	1 TL
1 1/2 Becher	Weizenvollkornmehl	2 1/4 Becher
1/2 Becher	Weizenmehl	3/4 Becher
2 TL	Trockenhefe	1 EL

ZUBEREITUNG

Die Zutaten in der vom Gerätehersteller empfohlenen Reihenfolge in den Teigbehälter des Brotbackautomaten geben. Das Programm für Vollkornbrot (Bräunungsstufe: mittel) wählen und auf Start drücken.

Weissbrot mit Ei

Dieses Weißbrot ist ebenfalls vielseitig verwendbar, hat durch die Zugabe von Ei jedoch ein etwas volleres Aroma und eine festere Krume als ein einfaches Weißbrot.

500 Gramm	Zutaten	750 Gramm
1	Ei	1 + 1 Eigelb
1/2 Becher	Milch	3/4 Becher
1 EL	Butter	1 1/2 EL
2 EL	Zucker	3 EL
1 TL	Salz	1 1/2 TL
2 Becher	Weizenmehl	3 Becher
1 1/2 TL	Trockenhefe	2 1/4 TL

Zubereitung

Die Zutaten in der vom Gerätehersteller empfohlenen Reihenfolge in den Teigbehälter des Brotbackautomaten geben. Das Programm für Weißbrot (Bräunungsstufe: mittel) wählen und auf Start drücken.

Toastbrot mit Maismehl und saurer Sahne

Dieses Brot ist nur zum Toasten geeignet, denn ungeröstet ist es trocken. In dünne Scheiben geschnitten ergibt es ausgezeichneten Melba-Toast.

500 Gramm	Zutaten	750 Gramm
1	Ei	1
2 EL	Wasser	1/3 Becher
1/2 Becher	saure Sahne	3/4 Becher
2 EL	Butter	3 EL
1 EL	Zucker	1 1/2 EL
1/2 TL	Salz	3/4 TL
3/4 Becher	Maismehl	7/8 Becher
1 1/2 Becher	Weizenmehl	2 1/4 Becher
1 1/2 TL	Trockenhefe	2 1/4 TL

Zubereitung

Die Zutaten in der vom Gerätehersteller empfohlenen Reihenfolge in den Teigbehälter des Brotbackautomaten geben. Das Programm für Vollkornbrot (Bräunungsstufe: mittel) wählen und auf Start drücken.

Rechts Weißbrot mit Ei

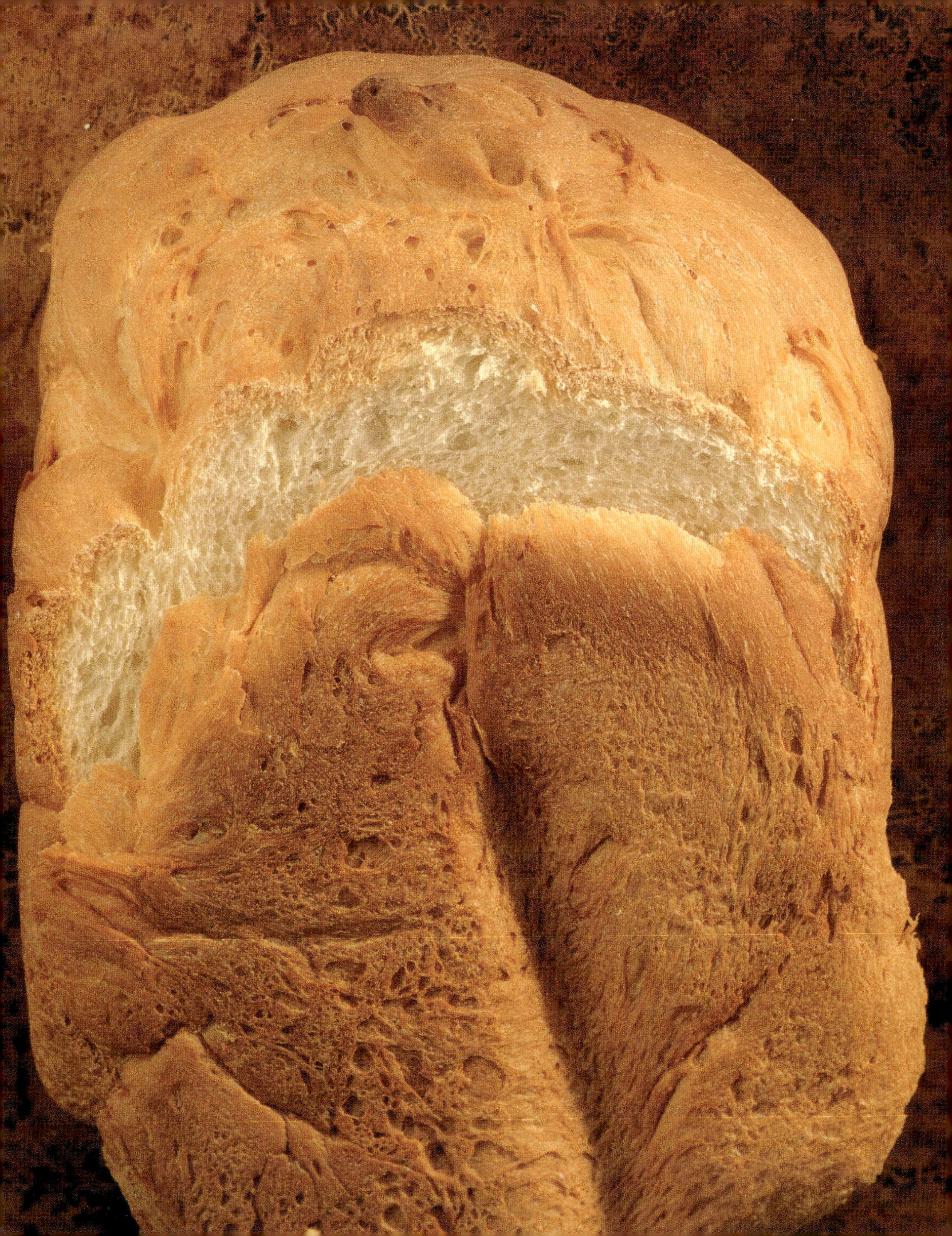

Roggenbrot mit Zwiebeln

Dieses Roggenbrot hat einen kräftigen Geschmack und eignet sich gut für herzhafte Sandwiches mit Wurst oder kaltem Braten.

500 GRAMM	ZUTATEN	750 GRAMM
$^{3}/_{4}$ Becher	Wasser	1 Becher
1 EL	Pflanzenöl	$1^{1}/_{2}$ EL
1 EL	Zucker	$1^{1}/_{2}$ EL
1 TL	Salz	$1^{1}/_{2}$ TL
2 TL	getrockneter Dill	1 EL
2 TL	getrocknete Zwiebeln	1 EL
2 EL	Maismehl	3 EL
$1^{1}/_{3}$ Becher	Weizenmehl	2 Becher
$^{3}/_{4}$ Becher	Roggenmehl	1 Becher + 2 EL
2 TL	Trockenhefe	1 EL

ZUBEREITUNG

Die Zutaten in der vom Gerätehersteller empfohlenen Reihenfolge in den Teigbehälter des Brotbackautomaten geben. Das Programm für Vollkornbrot (Bräunungsstufe: mittel) wählen und auf Start drücken.

Helles Roggenbrot

Dieses Roggenbrot, das mit Bier zubereitet wird, ist heller und lockerer als die meisten anderen Roggenbrote und eignet sich gut für Sandwiches.

500 GRAMM	ZUTATEN	750 GRAMM
$^{3}/_{4}$ Becher	abgestandenes Bier	$1^{1}/_{4}$ Becher
1 EL	Pflanzenöl	$1^{1}/_{2}$ EL
1 EL	Honig	$1^{1}/_{2}$ EL
1 TL	Salz	$1^{1}/_{2}$ TL
1 TL	Kümmel	$1^{1}/_{2}$ TL
$1^{1}/_{4}$ Becher	Weizenmehl	$1^{7}/_{8}$ Becher
1 Becher	Roggenmehl	$1^{1}/_{2}$ Becher
2 TL	Trockenhefe	1 EL

ZUBEREITUNG

Die Zutaten in der vom Gerätehersteller empfohlenen Reihenfolge in den Teigbehälter des Brotbackautomaten geben. Das Programm für Vollkornbrot (Bräunungsstufe: mittel) wählen und auf Start drücken.

RECHTS Roggenbrot mit Zwiebeln

Dunkles Roggenmischbrot

Dieses Brot eignet sich ausgezeichnet für Sandwiches und Kanapees.

500 GRAMM	ZUTATEN	750 GRAMM
3/4 Becher	Milch	1 1/4 Becher
1 EL	Pflanzenöl	1 1/2 EL
2 EL	Melasse	3 EL
1/2 TL	Salz	3/4 TL
2 EL	ungesüßtes Kakaopulver	3 EL
2 TL	Kümmel	1 EL
1/3 Becher	Weizenmehl	1/2 Becher
1 Becher	Roggenmehl	1 1/2 Becher
1/2 Becher	Weizenvollkornmehl	3/4 Becher
2 EL	Maismehl	3 EL
2 TL	Trockenhefe	1 EL

ZUBEREITUNG

Die Zutaten in der vom Gerätehersteller empfohlenen Reihenfolge in den Teigbehälter des Brotbackautomaten geben. Das Programm für Vollkornbrot (Bräunungsstufe: mittel) wählen und auf Start drücken.

Um Stangenbrote zu backen, den Teig nach der ersten Gehphase aus dem Behälter nehmen und kurz durchkneten. Dann in zwei gleiche Portionen teilen. Jede Portion zu einem dicken Strang rollen, der bei dem 500-g-Rezept etwa 20 cm und bei dem 750-g-Rezept etwa 25 cm lang ist. Die Brote auf ein mit Maismehl bestreutes Backblech legen. Locker abdecken und an einem warmen Platz gehenlassen, bis sich das Teigvolumen verdoppelt hat. Im vorgeheizten Backofen bei 180 °C etwa 25 Minuten backen, bis die Brote eine schöne Kruste haben.

Roggenmischbrot mit Buttermilch

Dieses kompakte, aromatische Roggenmischbrot eignet sich gut für Sandwiches. Kurz nach Beginn des Knetvorgangs sollte man überprüfen, ob zusätzlich Flüssigkeit oder Mehl zugegeben werden muß.

500 GRAMM	ZUTATEN	750 GRAMM
1/2 Becher	Buttermilch	3/4 Becher
4 EL	Wasser	6 EL
1 EL	Pflanzenöl	1 1/2 EL
2 EL	Melasse	3 EL
1 1/2 TL	Kümmel	2 1/4 TL
1/4 TL	Natron	1/4 TL
1 TL	Salz	1 1/2 TL
1 1/2 Becher	Weizenmehl	2 1/4 Becher
3/4 Becher	Roggenvollkornmehl	1 1/4 Becher
1 1/2 TL	Trockenhefe	2 1/4 TL

ZUBEREITUNG

Die Zutaten in der vom Gerätehersteller empfohlenen Reihenfolge in den Teigbehälter des Brotbackautomaten geben. Das Programm für Vollkornbrot (Bräunungsstufe: mittel) wählen und auf Start drücken.

Schwarzbrot

Dieses schwere, sehr aromatische Brot wird mit Roggenschrot zubereitet. Obwohl der Teig durch die Zugabe von zerstampften Kartoffeln etwas aufgelockert wird, geht er nicht sehr stark auf. Nur mit Butter bestrichen schmeckt es köstlich. Es eignet sich aber auch gut für Sandwiches. Da Roggenvollkornmehl recht unterschiedlich gemahlen sein kann, fällt das Ergebnis nicht immer gleich aus.

500 GRAMM	ZUTATEN	750 GRAMM
1/4 Becher	Maismehl	6 EL
4 EL	kochendes Wasser	6 EL
4 EL	sehr starker Kaffee	6 EL
1/2 Becher	zerdrückte Kartoffeln	3/4 Becher
2 EL	Milchpulver	3 EL
2 EL	Pflanzenöl	3 EL
3 EL	Melasse	4 1/2 EL
1 EL	ungesüßtes Kakaopulver	1 1/2 EL
1 TL	Salz	1 1/2 TL
1 TL	Kümmel	1 1/2 TL
2/3 Becher	Roggenvollkornmehl	1 Becher
1 1/3 Becher	Weizenmehl	2 Becher
1 1/2 TL	Trockenhefe	2 1/4 TL

ZUBEREITUNG

Das Maismehl in den Teigbehälter des Brotbackautomaten geben und mit dem kochenden Wasser übergießen. 15 Minuten abkühlen lassen. Wird heißer Kaffee verwendet, diesen unmittelbar nach dem Einrühren des Wassers zufügen. Andernfalls den Kaffee mit den übrigen Zutaten zugeben. Die restlichen Zutaten in der vom Gerätehersteller empfohlenen Reihenfolge zufügen. Das Programm für Vollkornbrot (Bräunungsstufe: mittel) wählen und auf Start drücken.

Bier-Senf-Brot

Obwohl dieses Brot mit Senf und Thymian gewürzt ist, hat es einen feineren Geschmack, als man zunächst erwartet. Es paßt gut zu Fleisch.

500 GRAMM	ZUTATEN	750 GRAMM
3/4 Becher	abgestandenes Bier	1 1/4 Becher
2 EL	Milchpulver	3 EL
1 EL	Pflanzenöl	1 1/2 EL
1 EL	Zucker	1 1/2 EL
2 EL	Dijon-Senf	3 EL
1/2 TL	getrockneter Thymian	3/4 TL
1 TL	Salz	1 1/2 TL
2 Becher	Weizenmehl	3 Becher
1 1/2 TL	Trockenhefe	2 1/4 TL

ZUBEREITUNG

Die Zutaten in der vom Gerätehersteller empfohlenen Reihenfolge in den Teigbehälter des Brotbackautomaten geben. Das Programm für Weißbrot (Bräunungsstufe: mittel) wählen und auf Start drücken.

Kartoffelbrot

Zerdrückte Kartoffeln verleihen diesem Weißbrot ein feines Aroma und eine schöne Krume. Verwenden Sie es wie gewöhnliches Weißbrot. Mit Knoblauch oder Kräutern gewürzte Kartoffeln geben dem Brot eine besondere Geschmacksnote.

500 GRAMM	ZUTATEN	750 GRAMM
1/2 Becher	zerdrückte Kartoffeln	3/4 Becher
7 EL	Kartoffelwasser	2/3 Becher
2 EL	Pflanzenöl	3 EL
1 EL	Honig	1 1/2 EL
1 TL	Salz	1 1/2 TL
2 Becher	Weizenmehl	3 Becher
2 TL	Trockenhefe	1 EL

ZUBEREITUNG

Die Zutaten in der vom Gerätehersteller empfohlenen Reihenfolge in den Teigbehälter des Brotbackautomaten geben. Falls das Kartoffelwasser bereits weggegossen wurde, Leitungswasser nehmen. Das Programm für Weißbrot (Bräunungsstufe: mittel) wählen und auf Start drücken.

Für dieses Rezept werden nur zerdrückte Kartoffeln verwendet – ohne Milch, Butter oder Salz. Um es mit übriggebliebenem Kartoffelpüree zuzubereiten, muß das Rezept je nach Beschaffenheit des Pürees entsprechend verändert werden, beispielsweise die Wassermenge um 1 Eßlöffel reduzieren.

LINKS Bier-Senf-Brot

Grahambrot

Durch Grahammehl, ein grobgemahlenes Weizenmehl, bekommt dieses Brot eine etwas klebrig-zähe Beschaffenheit. Melasse verändert den Geschmack ein wenig. Das Brot eignet sich gut zum Toasten, für überbackene Käse-Sandwiches oder als Beilage.

500 GRAMM	ZUTATEN	750 GRAMM
3/4 Becher	Wasser	1 1/4 Becher
1 EL	Pflanzenöl	1 1/2 EL
2 EL	Melasse	3 EL
1/2 TL	Salz	3/4 TL
1 Becher	Weizenmehl	1 1/2 Becher
1 Becher	Grahammehl	1 1/2 Becher
1 1/2 TL	Trockenhefe	2 1/4 TL

ZUBEREITUNG

Die Zutaten in der vom Gerätehersteller empfohlenen Reihenfolge in den Teigbehälter des Brotbackautomaten geben. Das Programm für Vollkornbrot (Bräunungsstufe: mittel) wählen und auf Start drücken.

Roggenbrot

Dies ist ein Grundrezept für Roggenbrot, das sich gut für Sandwiches oder als Beilage eignet. Es kann im Brotbackautomaten oder im Backofen gebacken werden.

500 GRAMM	ZUTATEN	750 GRAMM
$^{3}/_{4}$ Becher	Wasser	$1^{1}/_{4}$ Becher
1 EL	Pflanzenöl	$1^{1}/_{2}$ EL
4 TL	Melasse	2 EL
1 TL	Salz	$1^{1}/_{2}$ TL
2 TL	Kümmel	1 EL
$1^{1}/_{2}$ Becher	Weizenmehl	$2^{1}/_{4}$ Becher
$^{3}/_{4}$ Becher	Roggenmehl	1 Becher + 2 EL
2 TL	Trockenhefe	1 EL

ZUBEREITUNG

Die Zutaten in der vom Gerätehersteller empfohlenen Reihenfolge in den Teigbehälter des Brotbackautomaten geben. Das Programm für Vollkornbrot (Bräunungsstufe: mittel) wählen und auf Start drücken.

Um das Brot im Backofen zu backen, den Teig im Brotbackautomaten herstellen (Teigprogramm). Den fertigen Teig aus dem Gerät nehmen und kurz durchkneten. Dann zu einer Kugel formen und etwas flachdrücken oder zu einem dicken Stangenbrot formen. Das Brot auf ein mit Maismehl bestreutes Backblech legen. Locker abdecken und an einem warmen Platz etwa 1 Stunde gehenlassen, bis der Teig sein Volumen verdoppelt hat.

1 Ei mit 1 Eßlöffel Milch leicht verschlagen. Das Brot damit bestreichen und es dann im vorgeheizten Backofen bei 190 °C etwa 35 Minuten backen, bis es eine schöne Kruste hat. Mit dem Ofenhandschuh herausholen. Es muß hohl klingt, wenn man mit dem Knöchel auf die Unterseite des Brots klopft.

Hefebrot mit Maismehl

Gekochtes Maismehl verleiht diesem hellgelben Brot Geschmack. Es eignet sich gut zum Toasten und für Sandwiches, schmeckt aber auch köstlich, wenn man es warm mit Butter bestreicht.

500 GRAMM	ZUTATEN	750 GRAMM
1 Becher	Wasser	1 1/2 Becher
1 TL	Salz	1 1/2 TL
1 1/2 EL	Butter	2 1/4 EL
1/2 Becher	Maismehl	3/4 Becher
4 EL	Milch	6 EL
1 TL	Zucker	1 1/2 EL
1 3/4 Becher	Weizenmehl	2 2/3 Becher
1 1/2 TL	Trockenhefe	2 1/4 TL

ZUBEREITUNG

Das Wasser in einem kleinen Topf zum Kochen bringen. Salz und Butter zufügen. Dann langsam das Maismehl einrieseln lassen und rühren, bis eine dicke Masse entstanden ist. Die Masse unter ständigem Rühren noch 1 Minute erhitzen. Dann von der Kochstelle nehmen und abkühlen lassen.

Die abgekühlte Maismehlmasse mit den übrigen Zutaten in der vom Gerätehersteller empfohlenen Reihenfolge in den Teigbehälter des Brotbackautomaten geben. Das Programm für Weißbrot (Bräunungsstufe: mittel) wählen und auf Start drücken.

Buttermilch-Haferbrot

Haferflocken, Weizenkeime und Buttermilch sorgen bei diesem Brot für eine weiche, lockere Krume und ein feines Aroma. Mit Käse schmeckt es besonders köstlich.

500 GRAMM	ZUTATEN	750 GRAMM
1/3 Becher	sehr heißes Wasser	1/2 Becher
1/2 Becher	Haferflocken (keine Schmelzflocken)	3/4 Becher
5/8 Becher	Buttermilch	1 Becher
1 EL	Butter	1 1/2 EL
2 EL	Zucker	3 EL
1 TL	Salz	1 1/2 TL
1/2 TL	Natron	1/2 TL
2 EL	Weizenkeime	3 EL
1 3/4 Becher	Weizenmehl	2 2/3 Becher
1 1/2 TL	Trockenhefe	2 1/4 TL

ZUBEREITUNG

Die Haferflocken in den Teigbehälter des Brotbackautomaten geben. Sehr heißes oder kochendes Wasser darübergießen und durchrühren. Mindestens 15 Minuten stehen lassen. Die restlichen Zutaten in der vom Gerätehersteller empfohlenen Reihenfolge zufügen. Das Programm für Weißbrot (Bräunungsstufe: mittel) wählen und auf Start drücken.

RECHTS Hefebrot mit Maismehl

Kräuterbrot

Dieses leckere Weißbrot ist mit Knoblauch und italienischen Kräutern gewürzt. Es schmeckt hervorragend zu Käse, Schinken oder kaltem Braten und als Beilage zum Essen.

500 GRAMM	ZUTATEN	750 GRAMM
2 EL	Olivenöl	3 EL
1	Knoblauchzehe	1 oder 2
1 TL	getr. Basilikum	$1^1/_2$ TL
$^1/_2$ TL	getr. Oregano	$^3/_4$ TL
$^1/_4$ TL	getr. Rosmarin	$^1/_4$ TL
$^1/_4$ TL	getr. Thymian	$^1/_2$ TL
$^1/_2$ Becher	Wasser	$^3/_4$ Becher
4 EL	Milch	6 EL
1 TL	Zucker	$1^1/_2$ TL
1 TL	Salz	$1^1/_2$ TL
2 Becher	Weizenmehl	3 Becher
$1^1/_2$ TL	Trockenhefe	$2^1/_4$ TL

ZUBEREITUNG

Das Öl in einer kleinen schweren Pfanne erhitzen. Zerdrückte Knoblauchzehe und Kräuter zufügen und 2 Minuten sautieren. Darauf achten, daß der Knoblauch nicht verbrennt, da er sonst bitter wird. Die Pfanne nötigenfalls von der Kochstelle nehmen. Die Kräuter garen im heißen Öl weiter.

Die Kräuter-Knoblauch-Mischung und die übrigen Zutaten in der vom Gerätehersteller empfohlenen Reihenfolge in den Teigbehälter des Brotbackautomaten geben. Das Programm für Weißbrot (Bräunungsstufe: mittel) wählen und auf Start drücken.

Weizenbrot mit Orangenschale und Kreuzkümmel

Dieses helle Weizenbrot hat einen leicht süßlichen Geschmack und enthält geriebene Orangenschale sowie Kreuzkümmel, ein scharfes Gewürz, das in der Küche Mexikos, des Mittleren Ostens, Asiens und des Mittelmeers Verwendung findet. Besonders köstlich schmeckt dieses Brot zu Huhn oder Fisch.

500 GRAMM	ZUTATEN	750 GRAMM
1/2 Becher	Milch	3/4 Becher
4 EL	Wasser	6 EL
2 EL	Pflanzenöl	3 EL
3 EL	Zucker	4 1/2 EL
1 EL	abger. Orangenschale	1 1/2 EL
3/4 TL	gemahlener Kreuzkümmel	1 1/4 TL
1 TL	Salz	1 1/2 TL
2 EL	Maismehl	3 EL
1 1/2 Becher	Weizenmehl	2 1/4 Becher
1/2 Becher	Weizenvollkornmehl	3/4 Becher
1 1/2 TL	Trockenhefe	2 1/4 TL

ZUBEREITUNG

Die Zutaten in der vom Gerätehersteller empfohlenen Reihenfolge in den Teigbehälter des Brotbackautomaten geben. Das Programm für Vollkornbrot (Bräunungsstufe: mittel) wählen und auf Start drücken.

Weizenbrot mit braunem Zucker und Pekannüssen

Dieses leicht süße Brot sollte man getoastet mit Frischkäse probieren.

500 Gramm	Zutaten	750 Gramm
1/2 Becher	Wasser	3/4 Becher
4 EL	Milch	6 EL
2 EL	Butter	3 EL
3 EL	brauner Zucker	4 1/2 EL
1 1/2 TL	Zimt	2 1/4 TL
1/2 TL	Salz	3/4 TL
1/4 Becher	Haferkleie	6 EL
2 Becher	Weizenmehl	3 Becher
1 1/2 TL	Trockenhefe	2 1/4 TL
1/2 Becher	gehackte Pekannüsse	3/4 Becher

Zubereitung

Die Zutaten – mit Ausnahme der Pekannüsse – in der vom Gerätehersteller empfohlenen Reihenfolge in den Teigbehälter des Brotbackautomaten geben. Das Programm für Weißbrot (Bräunungsstufe: mittel) wählen und auf Start drücken. Die Pekannüsse nach dem ersten Knetvorgang zufügen.

Sally-Lunn-Brot

Das Sally-Lunn-Brot hat zwar seinen Ursprung in Großbritannien, ist aber vor allem im Süden der Vereinigten Staaten von Amerika beliebt. Traditionell wird es in einer hohen Kranzform gebacken.

500 Gramm	Zutaten	750 Gramm
1/3 Becher	Milch	1/2 Becher
2	Eier	3
1/4 Becher	Butter	6 EL
3 EL	Zucker	4 1/2 EL
1/2 TL	Salz	3/4 TL
2 Becher	Weizenmehl	3 Becher
1 1/2 TL	Trockenhefe	2 1/4 TL

Zubereitung

Die Zutaten in der vom Gerätehersteller empfohlenen Reihenfolge in den Teigbehälter des Brotbackautomaten geben. Das Süßbackprogramm (Bräunungsstufe: hell) wählen. Um dieses Brot auf herkömmliche Art im Backofen zu backen, den Teig im Brotbackautomaten herstellen (Teigprogramm). Den fertigen Teig aus dem Gerät nehmen und kurz durchkneten. Für das 750-g-Rezept eine 20 bis 25 cm große, für das 500-g-Rezept eine 15 bis 18 cm große Kranzform bereitstellen. Die Form mit Butter einfetten und den Teig darin wenden, so daß er rundum mit Fett überzogen ist. Locker abdecken und an einem warmen Platz gehenlassen, bis der Teig sein Volumen verdoppelt hat. Im vorgeheizten Backofen 25 bis 30 Minuten bei 180 °C backen.

Links Weizenbrot mit braunem Zucker und Pekannüssen

Anadama-Brot

Das Anadama-Brot ist ein frei geschobenes Brot aus Neuengland und wird mit Maismehl und Melasse zubereitet. Zur Abwandlung des Rezepts kann man $^2/_3$ Becher Weizenmehl durch die gleiche Menge Weizenvollkornmehl ersetzen.

500 GRAMM	ZUTATEN	750 GRAMM
$^3/_4$ Becher	Wasser	$1^1/_4$ Becher
1 EL	Pflanzenöl	$1^1/_2$ EL
3 EL	Melasse	$4^1/_2$ EL
1 TL	Salz	$1^1/_2$ TL
$^1/_4$ Becher	Maismehl	6 EL
2 Becher	Weizenmehl	3 Becher
$1^1/_2$ TL	Trockenhefe	$2^1/_4$ TL

ZUBEREITUNG

Die Zutaten in der vom Gerätehersteller empfohlenen Reihenfolge in den Teigbehälter des Brotbackautomaten geben. Das Programm für Weißbrot (Bräunungsstufe: mittel) wählen und auf Start drücken.

KÖRNERBROTE

Mehrkornbrot

Dieses Brot hat eine feste Krume und vereint den Geschmack verschiedener Getreidesorten. Es enthält so viel Weizenmehl, daß es ein kleines, kompaktes Brot wird.

500 Gramm	Zutaten	750 Gramm
1/2 Becher	Wasser	3/4 Becher
4 EL	Milch	6 EL
2 EL	Pflanzenöl	3 EL
2 EL	Honig	3 EL
1 TL	Salz	1 1/2 TL
1/4 Becher	Weizenkeime	6 EL
1/4 Becher	Haferkleie	6 EL
3/4 Becher	Weizenmehl	1 1/4 Becher
1 Becher	Weizenvollkornmehl	1 1/2 Becher
2 TL	Trockenhefe	1 EL

Zubereitung

Die Zutaten in der vom Gerätehersteller empfohlenen Reihenfolge in den Teigbehälter des Brotbackautomaten geben. Das Programm für Vollkornbrot (Bräunungsstufe: mittel) wählen und auf Start drücken.

Bulgur-Weizen-Brot

Bulgur ist vorgekochter, gedarrter und grobgeschroteter Weizen. Er reichert das Brot mit Ballaststoffen an und gibt ihm einen schönen Biß.

500 Gramm	Zutaten	750 Gramm
3/4 Becher	Buttermilch	1 1/4 Becher
2 EL	Pflanzenöl	3 EL
2 EL	Honig	3 EL
1 TL	Salz	1 1/2 TL
1/4 TL	Natron	1/4 TL
3 EL	Bulgur	4 1/2 EL
1 EL	Maismehl	1 1/2 EL
1 Becher	Weizenmehl	1 1/2 Becher
1 Becher	Weizenvollkornmehl	1 1/2 Becher
2 TL	Trockenhefe	1 EL

Zubereitung

Die Zutaten in der vom Gerätehersteller empfohlenen Reihenfolge in den Teigbehälter des Brotbackautomaten geben. Das Programm für Vollkornbrot (Bräunungsstufe: mittel) wählen und auf Start drücken.

BROT MIT WEIZENSCHROT UND BUTTERMILCH

Diesem saftigen, herzhaften Weizenvollkornbrot gibt geschroteter Weizen zusätzlich Biß.

500 GRAMM	ZUTATEN	750 GRAMM
1/4 Becher	Weizenschrot	6 EL
9 EL	Buttermilch	7/8 Becher
2 EL	Butter	3 EL
2 EL	Honig	3 EL
1 TL	Salz	1 1/2 TL
1/4 TL	Natron	1/4 TL
1 Becher	Weizenmehl	1 1/2 Becher
1 Becher	Weizenvollkornmehl	1 1/2 Becher
2 TL	Trockenhefe	1 EL

ZUBEREITUNG

Den geschroteten Weizen mit 1 bis 2 Becher Wasser in einen kleinen Topf geben. Zum Kochen bringen, dann auf mittlere Temperatur herunterschalten und 6 Minuten kochen lassen. Von der Kochstelle nehmen, den Weizen abgießen und etwa 15 Minuten abkühlen lassen.
Das gekochte Weizenschrot und die übrigen Zutaten in der vom Gerätehersteller empfohlenen Reihenfolge in den Teigbehälter des Brotbackautomaten geben. Das Programm für Vollkornbrot (Bräunungsstufe: mittel) wählen. Nachdem der Teig etwa 10 Minuten geknetet ist, seine Konsistenz überprüfen. Abhängig davon, wie gut das Weizenschrot abgetropft war, noch etwas Buttermilch oder Mehl zufügen.

SESAM-SONNENBLUMENKERN-BROT

Weizenkeime, Sesamkörner und Sonnenblumenkerne verleihen diesem Weizenvollkornbrot Struktur.

500 GRAMM	ZUTATEN	750 GRAMM
1/2 Becher	Buttermilch	3/4 Becher
1/3 Becher	Wasser	1/2 Becher
1 EL	Pflanzenöl	1 1/2 EL
1 EL	Zucker	1 1/2 EL
1/4 TL	Natron	1/4 TL
1 TL	Salz	1 1/2 TL
2 EL	geröst. Weizenkeime	3 EL
1/2 Becher	Weizenvollkornmehl	3/4 Becher
1 1/2 Becher	Weizenmehl	2 1/4 Becher
1 1/2 TL	Trockenhefe	2 1/4 TL
3 EL	geschälte Sonnenblumenkerne	4 1/2 EL
1 EL	geröst. Sesamsamen	1 1/2 EL

ZUBEREITUNG

Die Zutaten – mit Ausnahme der Körner – in der vom Gerätehersteller empfohlenen Reihenfolge in den Teigbehälter des Brotbackautomaten geben. Das Programm für Vollkornbrot (Bräunungsstufe: mittel) wählen und auf Start drücken. Die Körner nach dem ersten Knetvorgang oder im Anschluß an die Signaltöne zur Zugabe von Nüssen hinzufügen.

Um die Weizenkeime und Sesamsamen zu rösten, die Körner jeweils ohne Fett in eine kleine schwere Pfanne geben. Bei mittlerer Hitze rösten, bis sie leicht gebräunt sind. Die Pfanne zwischendurch kräftig rütteln, damit die Körner nicht verbrennen. Vor der Zugabe zum Teig abkühlen lassen.

HIRSEBROT

Dieses Brot wird sowohl mit Hirsemehl wie auch mit ganzen geschälten Hirsekörnern zubereitet. Das Mehl verleiht dem Brot Aroma, die Körner geben ihm Biß.

500 GRAMM	ZUTATEN	750 GRAMM
3/4 Becher	Wasser	1 1/4 Becher
1 EL	Pflanzenöl	1 1/2 EL
2 EL	Honig	3 EL
1 TL	Salz	1 1/2 TL
3 EL	geschäl. Hirsekörner	4 1/2 EL
1/3 Becher	Hirsemehl	1/2 Becher
2/3 Becher	Weizenvollkornmehl	1 Becher
1 Becher	Weizenmehl	1 1/2 Becher
2 TL	Trockenhefe	1 EL

ZUBEREITUNG

Die Zutaten in der vom Gerätehersteller empfohlenen Reihenfolge in den Teigbehälter des Brotbackautomaten geben. Das Programm für Vollkornbrot (Bräunungsstufe: mittel) wählen und auf Start drücken.

LINKS Sesam-Sonnenblumenkern-Brot

Frühstücksbrot mit Ahornsirup und Pekannüssen

Dieses Mehrkornbrot wird zwar mit Ahornsirup gesüßt, ist aber dennoch kein süßes Brot. Auch durch die Pekannüsse, die zu Beginn zugefügt und durch den Knetprozeß zerkleinert werden, bekommt es Aroma. Bulgur, der durch kochendes Wasser etwas weicher wird, gibt dem Brot zusätzlich Struktur.

500 GRAMM	ZUTATEN	750 GRAMM
1/4 Becher	Bulgur	6 EL
4 EL	kochendes Wasser	6 EL
1/2 Becher	Milch	3/4 Becher
2 EL	Butter	3 EL
3 EL	Ahornsirup	4 1/2 EL
1 TL	Salz	1 1/2 TL
1/4 Becher	gehackte Pekannüsse	6 EL
1/4 Becher	Haferkleie	6 EL
3/4 Becher	Weizenvollkornmehl	1 1/4 Becher
1 Becher	Weizenmehl	1 1/2 Becher
1 1/2 TL	Trockenhefe	2 1/4 TL

ZUBEREITUNG

Den Bulgur in den Teigbehälter des Brotbackautomaten geben. Mit dem kochenden Wasser übergießen, umrühren und 15 Minuten abkühlen lassen. Dann die übrigen Zutaten in der vom Gerätehersteller empfohlenen Reihenfolge mit in den Teigbehälter geben. Das Programm für Vollkornbrot (Bräunungsstufe: mittel) wählen und auf Start drücken.

Walnuss-Kleie-Brot

Selbst wer Trockenpflaumen verabscheut, wird dieses Brot mögen, solange er nicht weiß, daß es sich bei der geheimnisvollen Zutat um die bewußten Trockenfrüchte handelt. Die Walnüsse werden zu Beginn zugefügt, so daß sie feiner als gewöhnlich zermahlen werden und dem Brot eher Aroma als Biß verleihen.

500 GRAMM	ZUTATEN	750 GRAMM
2/3 Becher	Wasser	1 Becher
3 EL	Milchpulver	4 1/2 EL
1/2 Becher	gehackte entsteinte Trockenpflaumen	3/4 Becher
1 EL	Pflanzenöl	1 1/2 EL
1 EL	Melasse	1 1/2 EL
1 TL	Salz	1 1/2 TL
1/4 Becher	gehackte Walnüsse	6 EL
1/2 Becher	Bran-Flakes	3/4 Becher
1 Becher	Weizenvollkornmehl	1 1/2 Becher
1 Becher	Weizenmehl	1 1/2 Becher
1 1/2 TL	Trockenhefe	2 1/4 TL

ZUBEREITUNG

Die Zutaten in der vom Gerätehersteller empfohlenen Reihenfolge in den Teigbehälter des Brotbackautomaten geben. Das Programm für Vollkornbrot (Bräunungsstufe: mittel) wählen und auf Start drücken.

Kleiebrot mit Kokosraspel und Banane

Dieses saftige, herzhafte Brot hat nur einen leicht süßen Geschmack, aber ein herrlich tropisches Aroma. Es eignet sich ausgezeichnet zum Toasten, doch sollte man sich nicht auf Butter allein beschränken, sondern auch Frischkäse oder Erdnußbutter daraufstreichen. Nehmen Sie Kleie-Cerealien, wie etwa All-Bran, und keine Kleieflocken.

500 Gramm	Zutaten	750 Gramm
1	Ei	1
1/4 Becher	Milch	1/2 Becher
1/3 Becher	zerdrückte Banane	1/2 Becher
2 EL	Butter	3 EL
2 EL	Honig	3 EL
1/4 Becher	Kokosraspel	6 EL
1/2 TL	Salz	3/4 TL
1/3 Becher	All-Bran (Kleie-Cerealien)	1/2 Becher
1 Becher	Weizenvollkornmehl	1 1/2 Becher
1 Becher	Weizenmehl	1 1/2 Becher
1 1/2 TL	Trockenhefe	2 1/4 TL

Zubereitung

Die Zutaten in der vom Gerätehersteller empfohlenen Reihenfolge in den Teigbehälter des Brotbackautomaten geben. Das Programm für Vollkornbrot (Bräunungsstufe: mittel) wählen und auf Start drücken.

Kleiebrot

Dieses kompakte, saftige Brot hat durch Kleie-Cerealien (nicht Flocken) wie etwa All-Bran einen hohen Ballaststoffgehalt. Es eignet sich gut zum Toasten und für Sandwiches.

500 Gramm	Zutaten	750 Gramm
7/8 Becher	Milch	1 1/3 Becher
1 EL	Pflanzenöl	1 1/2 EL
1 EL	Zucker	1 1/2 EL
1 TL	Salz	1 1/2 TL
1/3 Becher	All-Bran	1/2 Becher
3/4 Becher	Weizenvollkornmehl	1 1/4 Becher
1 Becher	Weizenmehl	1 1/2 Becher
1 1/2 TL	Trockenhefe	2 1/4 TL

Zubereitung

Die Zutaten in der vom Gerätehersteller empfohlenen Reihenfolge in den Teigbehälter des Brotbackautomaten geben. Das Programm für Vollkornbrot (Bräunungsstufe: mittel) wählen und auf Start drücken.

RECHTS Kleiebrot mit Kokosraspel und Banane

Mehrkornbrot mit Honig und Orangenschale

Dieses Brot, das besonders lecker zum Frühstück schmeckt, ist kompakt, weich, saftig und aromatisch. Hirse und Bulgur sorgen für etwas Biß.

500 Gramm	Zutaten	750 Gramm
1/3 Becher	Wasser	1/2 Becher
1/2 Becher	Buttermilch	3/4 Becher
1 EL	Pflanzenöl	1 1/2 EL
2 EL	Honig	3 EL
1 EL	abger. Orangenschale	1 1/2 EL
1 TL	Salz	1 1/2 TL
1 EL	Bulgur	1 1/2 EL
1 EL	Weizenkörner	1 1/2 EL
1/4 Becher	Sojamehl	6 EL
1/4 Becher	Amaranthmehl	6 EL
2/3 Becher	Weizenvollkornmehl	1 Becher
1 1/3 Becher	Weizenmehl	2 Becher
2 TL	Trockenhefe	1 EL

Zubereitung

Die Zutaten in der vom Gerätehersteller empfohlenen Reihenfolge in den Teigbehälter des Brotbackautomaten geben. Das Programm für Vollkornbrot (Bräunungsstufe: mittel) wählen und auf Start drücken.

Weizenkeim-Joghurt-Brot

Dieses gesunde Brot hat eine kompakte, aber weiche Krume. Es eignet sich gut zum Toasten oder für Sandwiches.

500 Gramm	Zutaten	750 Gramm
1/2 Becher	Naturjoghurt	3/4 Becher
4 EL	Wasser	6 EL
1 EL	Pflanzenöl	1 1/2 EL
2 EL	Honig	3 EL
1 TL	Salz	1 1/2 TL
3 EL	Milchpulver	4 1/2 EL
1/4 Becher	geröst. Weizenkeime	6 EL
1 Becher	Weizenmehl	1 1/2 Becher
1 Becher	Weizenvollkornmehl	1 1/2 Becher
2 TL	Trockenhefe	1 EL

Zubereitung

Die Zutaten in der vom Gerätehersteller empfohlenen Reihenfolge in den Teigbehälter des Brotbackautomaten geben. Das Programm für Vollkornbrot (Bräunungsstufe: mittel) wählen und auf Start drücken.
Die Weizenkeime zum Rösten ohne Fett in eine kleine schwere Pfanne geben. Bei mittlerer Temperatur erhitzen, bis sie leicht gebräunt sind; die Pfanne dabei gelegentlich rütteln, damit die Keime nicht verbrennen. Die gerösteten Weizenkeime abkühlen lassen, bevor sie zum Teig gegeben werden.

Sonnenschein-Brot

Dieses helle Weizenvollkornbrot mit Datteln und Sonnenblumenkernen stammt aus Kalifornien. Es eignet sich gut zum Toasten und für vegetarische Sandwiches mit Avocado oder Frischkäse.

500 GRAMM	ZUTATEN	750 GRAMM
1/2 Becher	saure Sahne	3/4 Becher
4 EL	Wasser	6 EL
2 EL	Butter	3 EL
2 EL	Honig	3 EL
1/2 TL	Salz	3/4 TL
2 EL	Haferkleie	3 EL
1/2 Becher	Weizenvollkornmehl	3/4 Becher
1 1/2 Becher	Weizenmehl	2 1/4 Becher
1 1/2 TL	Trockenhefe	2 1/4 TL
3 EL	Sonnenblumenkerne	4 1/2 EL
1/4 Becher	gehackte Datteln	6 EL

ZUBEREITUNG

Die Zutaten – mit Ausnahme der Sonnenblumenkerne und Datteln – in der vom Gerätehersteller empfohlenen Reihenfolge in den Teigbehälter des Brotbackautomaten geben. Das Programm für Vollkornbrot (Bräunungsstufe: mittel) wählen und auf Start drücken. Die Sonnenblumenkerne und die Datteln im Anschluß an die Signaltöne für die Zugabe von Früchten und Nüssen oder nach dem ersten Knetvorgang zufügen.

Apfel-Kleie-Brot

Dieses Frühstücksbrot, das nach Apfel und Zimt duftet und mit Weizenkeimen und Kleie-Cerealien angereichert ist, eignet sich ausgezeichnet zum Toasten. Da der Wassergehalt von Äpfeln variiert, muß unter Umständen noch etwas Wasser oder Mehl zugefügt werden. Man sollte die Teigkonsistenz jedoch erst gegen Ende des Knetvorgangs prüfen, da die Kleieflocken Flüssigkeit aufnehmen.

500 Gramm	Zutaten	750 Gramm
1/3 Becher	geschälter, geriebener Apfel	1/2 Becher
1/2 Becher	Wasser	3/4 Becher
2 EL	Butter	3 EL
2 EL	Honig	3 EL
3 EL	Milchpulver	4 1/2 EL
1 TL	Salz	1 1/2 TL
1 TL	Zimt	1 1/2 TL
1/2 Becher	Bran-Flakes (Kleieflocken)	3/4 Becher
2 EL	geröstete Weizenkeime	3 EL
1 Becher	Weizenvollkornmehl	1 1/2 Becher
3/4 Becher	Weizenmehl	1 1/4 Becher
1 1/2 TL	Trockenhefe	2 1/4 TL

Zubereitung

Die Zutaten in der vom Gerätehersteller empfohlenen Reihenfolge in den Teigbehälter des Brotbackautomaten geben. Das Programm für Vollkornbrot (Bräunungsstufe: mittel) wählen und auf Start drücken.

Um die Weizenkeime zu rösten, die Keime ohne Fett in eine kleine schwere Pfanne geben. Bei mittlerer Temperatur erhitzen, bis sie leicht gebräunt sind; die Pfanne dabei immer wieder rütteln, damit die Keime nicht verbrennen. Die gerösteten Weizenkeime abkühlen lassen, bevor sie zum Teig gegeben werden.

Brote mit Früchten, Gemüse, Nüssen und Käse

Weizenbrot mit Datteln und Frühstücksgetreide

Das Angebot an Frühstücksgetreide in Körnerform ist sehr groß.
Unterschiedliche Sorten können den Charakter des Brotes stark verändern.
Bei der Zugabe verschiedener Trockenfrüchte und Nüsse liegt der Hauptunterschied in der Süße.
Dieses Brot schmeckt ungetoastet und mit Butter bestrichen besonders gut.

500 Gramm	Zutaten	750 Gramm
1/2 Becher	Wasser	3/4 Becher
4 EL	Milch	6 EL
1 EL	Pflanzenöl	1 1/2 EL
1 EL	Honig	1 1/2 EL
1/2 TL	Zimt	3/4 TL
1 TL	Salz	1 1/2 TL
1/2 Becher	Frühstücksgetreide in Körnerform	3/4 Becher
1 1/4 Becher	Weizenmehl	1 7/8 Becher
1/2 Becher	Weizenvollkornmehl	3/4 Becher
1 1/2 TL	Trockenhefe	2 1/4 TL
1/3 Becher	gehackte Datteln	1/2 Becher

Zubereitung

Die Zutaten – mit Ausnahme der Datteln – in der vom Gerätehersteller empfohlenen Reihenfolge in den Teigbehälter des Brotbackautomaten geben. Das Programm für Vollkornbrot (Bräunungsstufe: mittel) wählen und auf Start drücken. Die Datteln nach dem ersten Knetvorgang oder im Anschluß an die Signaltöne für die Zugabe von Früchten zufügen.
Dieses Rezept basiert auf nicht zu süßen Frühstückskörnern. Verwendet man sehr süße Cerealien, kann man die Menge an Honig verringern, andere Früchte nehmen oder auch Nüsse hinzufügen. Ist die Mischung bereits aromatisiert, den Zimt weglassen.

Batatenbrot

Batatenbrot stammt aus dem Süden der Vereinigten Staaten von Amerika.
Es hat ein feines Aroma und eine hellorange Farbe, ist aber kein süßes Brot.
Reichen Sie es als Beilage zu Suppen oder Salaten oder bestreichen Sie es mit Schmelzkäse.

500 Gramm	Zutaten	750 Gramm
2/3 Becher	gekochte, zerdrückte Bataten (Süßkartoffeln)	1 Becher
6 EL	Milch	9 EL
2 EL	Butter	3 EL
2 EL	Zucker	3 EL
1 TL	Salz	1 1/2 TL
2 Becher	Weizenmehl	3 Becher
2 TL	Trockenhefe	1 EL

Zubereitung

Die Zutaten in der vom Gerätehersteller empfohlenen Reihenfolge in den Teigbehälter des Brotbackautomaten geben. Das Programm für Vollkornbrot (Bräunungsstufe: mittel) wählen und auf Start drücken.
Man kann auch Bataten aus der Dose nehmen, sofern sie ohne Zucker oder Sirup konserviert sind. Andernfalls die Bataten im Ofen garen oder in Wasser kochen. Die Milchmenge kann je nach Wassergehalt der Bataten variieren.

Zucchinibrot

Dies ist ein mittelschweres Weizenvollkornbrot. Hüttenkäse macht es lockerer, Bulgur gibt der Krume Biß, und Zucchini sorgen für ein feines Aroma. Es eignet sich ausgezeichnet zum Toasten und auch für Sandwiches. Die benötigte Wassermenge kann je nach Wassergehalt des Hüttenkäses variieren, so daß man die Teigkonsistenz während des Knetvorgangs prüfen sollte.

500 Gramm	Zutaten	750 Gramm
1/2 Becher	Hüttenkäse	3/4 Becher
4 EL	Wasser	6 EL
1/2 Becher	geraspelte rohe Zucchini	3/4 Becher
2 EL	Butter	3 EL
1 EL	Zucker	1 1/2 EL
1 TL	Salz	1 1/2 TL
3 EL	Bulgur	4 1/2 EL
2/3 Becher	Weizenvollkornmehl	1 Becher
1 1/3 Becher	Weizenmehl	2 Becher
1 1/2 TL	Trockenhefe	2 1/4 TL

Zubereitung

Die Zutaten in der vom Gerätehersteller empfohlenen Reihenfolge in den Teigbehälter des Brotbackautomaten geben. Das Programm für Vollkornbrot (Bräunungsstufe: mittel) wählen und auf Start drücken.

Weizenbrot mit Hüttenkäse

Hüttenkäse macht dieses Brot wunderbar locker.

500 Gramm	Zutaten	750 Gramm
2/3 Becher	Hüttenkäse	1 Becher
1	Ei	1 + 1 Eigelb
2 1/2 EL	Wasser	4 EL
1 EL	Butter	1 1/2 EL
1 EL	Honig	1 1/2 EL
1/2 TL	Salz	3/4 TL
1 1/2 Becher	Weizenmehl	2 1/4 Becher
1/2 Becher	Weizenvollkornmehl	3/4 Becher
2 TL	getrockneter Dill	1 EL
1 1/2 TL	Trockenhefe	2 1/4 TL

Zubereitung

Die Zutaten in der vom Gerätehersteller empfohlenen Reihenfolge in den Teigbehälter des Brotbackautomaten geben. Das Programm für Vollkornbrot (Bräunungsstufe: mittel) wählen und auf Start drücken.
Die benötigte Wassermenge kann je nach Flüssigkeitsgehalt des Hüttenkäses leicht variieren.

RECHTS Zucchinibrot

Chili-Käse-Brot

Dieses überaus aromatische Brot vereint den Geschmack von Cheddar und grünen Chillies. Bei Verwendung frischer Chili-Schoten eignen sich Anaheim-Chillies, grüne Chillies aus Neumexiko oder Poblano-Chillies am besten. Für zusätzliche Schärfe kann man eine Jalapeño-Schote oder zwei Serrano-Chillies zufügen. Die im Rezept verwendeten frischen gerösteten Chillies lassen sich ohne größere Geschmackseinbußen auch durch grüne Chillies aus der Dose ersetzen. Dieses pikante Brot paßt gut zu Suppen, Eintopfgerichten und Salaten.

500 GRAMM	ZUTATEN	750 GRAMM
2	geröstete und gehackte Chillies	3
1	Ei	1
1/3 Becher	Milch	9 EL
2/3 Becher	geriebener scharfer Cheddar	1 Becher
2 EL	Butter	3 EL
1 TL	Zucker	1 1/2 TL
1 TL	Salz	1 1/2 TL
2 Becher	Weizenmehl	3 Becher
1 1/2 TL	Trockenhefe	2 1/4 TL

ZUBEREITUNG

Die Zutaten in der vom Gerätehersteller empfohlenen Reihenfolge in den Teigbehälter des Brotbackautomaten geben. Das Programm für Weißbrot (Bräunungsstufe: mittel) wählen und auf Start drücken.

Chillies rösten: Den Backofengrill einschalten. Die Chili-Schoten längs halbieren (Poblano-Chillies der Länge nach in drei oder vier Stücke schneiden). Die Stiele und Samen entfernen, dabei die Samen und die inneren Rippen nach Möglichkeit nicht berühren. Die Stücke mit der Haut nach oben auf Alufolie oder die Grillpfanne legen und mit 10 bis 15 cm Abstand zum Grill in den Backofen schieben. Die Chillies rösten, bis die Haut Blasen wirft und fast vollständig braun oder schwarz ist (sie färbt sich nicht gleichmäßig). Darauf achten, daß das Fruchtfleisch nicht verbrennt. Aus dem Ofen nehmen und in einen Folienbeutel geben. Etwa 10 Minuten in dem geschlossenen Beutel liegen lassen, dann herausnehmen. Die Haut abziehen und wegwerfen. Das Fruchtfleisch in kleine Stücke schneiden.

Basilikum-Tomaten-Brot

Dieses saftige, schmackhafte Brot wird mit Basilikum, Parmesan und sonnengetrockneten Tomaten zubereitet. Servieren Sie es mit Butter, oder nehmen Sie es für Sandwiches. Die Tomaten können gleich zu Beginn oder nach dem ersten Knetvorgang zugefügt werden. Gibt man die Tomaten zusammen mit den übrigen Zutaten in den Teigbehälter, bekommt das Brot eine kräftig orangerote Farbe.

500 Gramm	Zutaten	750 Gramm
$^{1}/_{2}$ Becher	Wasser	$^{3}/_{4}$ Becher
4 EL	Milch	6 EL
2 EL	Olivenöl	3 EL
1 TL	Zucker	$1^{1}/_{2}$ TL
1 TL	Salz	$1^{1}/_{2}$ TL
2 TL	getr. Basilikum	3 TL
$^{1}/_{3}$ Becher	geriebener Parmesan	$^{1}/_{2}$ Becher
2 Becher	Weizenmehl	3 Becher
2 TL	Trockenhefe	1 EL
$^{1}/_{4}$ Becher	gehackte sonnengetrocknete Tomaten	6 EL

Zubereitung

Die Zutaten – mit Ausnahme der Tomaten – in der vom Gerätehersteller empfohlenen Reihenfolge in den Teigbehälter des Brotbackautomaten geben. Das Programm für Weißbrot (Bräunungsstufe: mittel) wählen und auf Start drücken.

In Öl eingelegte Tomaten trockentupfen. (Das Öl läßt sich zu einem Teil oder vollständig an Stelle des im Rezept angegebenen Olivenöls verwenden.) Die Tomaten mit dem Messer oder einer Küchenschere in Stücke schneiden. Die Tomatenstücke nach dem ersten Knetvorgang oder im Anschluß an die Signaltöne für die Zugabe von Früchten zufügen.

Kürbis-Pekannuss-Brot

Bei diesem Brot handelt es sich nicht um ein traditionelles amerikanisches Kürbisbrot, das mit Backpulver zubereitet wird und süß und schwer ist, sondern um ein lockeres, kaum süßes Hefebrot, das Kürbis, Pekannüsse und Gewürze aromatisieren. Essen Sie es warm mit Butter bestrichen, oder nehmen Sie es für Puten-Sandwiches.

500 GRAMM	ZUTATEN	750 GRAMM
1/3 Becher	Milch	1/2 Becher
3/4 Becher	pürierter Kürbis	1 1/4 Becher
2 EL	Butter	3 EL
3 EL	Zucker	4 1/2 EL
1/2 TL	Salz	3/4 TL
1 TL	Zimt	1 1/2 TL
1/2 TL	gemahlener Ingwer	3/4 TL
1/4 TL	gemahlene Nelken	1/4 TL
1/2 Becher	gehackte Pekannüsse	3/4 Becher
2 Becher	Weizenmehl	3 Becher
2 TL	Trockenhefe	1 EL

ZUBEREITUNG

Die Zutaten in der vom Gerätehersteller empfohlenen Reihenfolge in den Teigbehälter des Brotbackautomaten geben. Das Programm für Weißbrot (Bräunungsstufe: hell) wählen und auf Start drücken.
Die benötigte Menge an Milch kann je nach Wassergehalt des Kürbisfleisches leicht variieren.

Kirsch-Haselnuss-Brot

Trotz der Zugabe von getrockneten Sauerkirschen und gerösteten Haselnüssen ist dieses helle Weizenvollkornbrot kein süßes Brot. Es eignet sich daher gut als Beilage zu herzhaften Mahlzeiten.

500 GRAMM	ZUTATEN	750 GRAMM
1/2 Becher	Milch	7/8 Becher
1	Ei	1
2 EL	Butter	3 EL
2 EL	Zucker	3 EL
1/2 TL	Salz	3/4 TL
1 1/2 Becher	Weizenmehl	2 1/4 Becher
1/2 Becher	Weizenvollkornmehl	3/4 Becher
1 1/2 TL	Trockenhefe	2 1/4 TL
1/4 Becher	getrocknete Kirschen	6 EL
3 EL	gehackte geröstete Haselnüsse	4 1/2 EL

ZUBEREITUNG

Die Zutaten – mit Ausnahme der Kirschen und Haselnüsse – in der vom Gerätehersteller empfohlenen Reihenfolge in den Teigbehälter des Brotbackautomaten geben. Das Programm für Vollkornbrot (Bräunungsstufe: mittel) wählen und auf Start drücken. Die Kirschen und die Haselnüsse nach dem ersten Knetvorgang oder im Anschluß an die Signaltöne für die Zugabe von Früchten zufügen.
Tip: Um Haselnußkerne zu rösten, die Nüsse auf einem ungefetteten Backblech verteilen. Bei 180 °C für 10 Minuten in den Backofen schieben; die Nüsse zwischendurch zwei- oder dreimal wenden. Die Nüsse abkühlen lassen, in ein Geschirrhandtuch wickeln und gegeneinanderreiben, um die dünnen braunen Häutchen zu entfernen.

Oliven-Käse-Brot

Dieses köstliche Brot wird mit grünen Oliven, Feta-Käse, sonnengetrockneten Tomaten und Thymian zubereitet. Reichen Sie es zu Nudelgerichten, Tomatensuppe, Antipasti oder Salat. Es kann im Brotbackautomaten zubereitet oder zu einem runden Laib geformt und im Backofen gebacken werden.

500 GRAMM	ZUTATEN	750 GRAMM
2/3 Becher	Wasser	1 Becher
2 EL	Olivenöl	3 EL
1 EL	Zucker	1 1/2 EL
1/2 TL	getr. Thymian	3/4 TL
1 TL	Salz	1 1/2 TL
2 Becher	Weizenmehl	3 Becher
1 1/2 TL	Trockenhefe	2 1/4 TL
1/3 Becher	zerkrümelter Feta-Käse	1/2 Becher
1/4 Becher	gehackte grüne Oliven	6 EL
2 EL	gehackte sonnen-getrocknete Tomaten	3 EL
2 EL	Weizenmehl	3 EL

ZUBEREITUNG

Die ersten sieben Zutaten in der vom Gerätehersteller empfohlenen Reihenfolge in den Teigbehälter des Brotbackautomaten geben. Das Programm für Weißbrot (Bräunungsstufe: mittel) wählen. Die übrigen Zutaten in Mehl wenden und nach dem ersten Knetvorgang zufügen. Um das Brot im Ofen zu backen, das Teigprogramm des Brotbackautomaten wählen. Den fertigen Teig herausnehmen, kurz durchkneten und zu einem runden Laib formen. Das Brot auf ein mit Maismehl bestäubtes Backblech legen. Locker abdecken und an einem warmen Platz gehenlassen, bis sich das Teigvolumen verdoppelt hat. Das Brot mit einer Mischung aus 1 Ei und 1 EL Wasser bestreichen. Bei 180 °C im vorgeheizten Backofen etwa 25 Minuten backen.

Hafer-Walnuss-Brot

Haferflocken geben diesem Frühstücksbrot eine schöne Krume.

500 GRAMM	ZUTATEN	750 GRAMM
1/2 Becher	Milch	3/4 Becher
4 EL	Wasser	6 EL
1 EL	Butter	1 1/2 EL
2 EL	Honig	3 EL
1 TL	Salz	1 1/2 TL
1 3/4 Becher	Weizenmehl	2 2/3 Becher
1/2 Becher	Haferflocken	3/4 Becher
1/2 Becher	gehackte Walnüsse	3/4 Becher
1 1/2 TL	Trockenhefe	2 1/4 TL

ZUBEREITUNG

Die Zutaten in der vom Gerätehersteller empfohlenen Reihenfolge in den Teigbehälter des Brotbackautomaten geben. Das Programm für Weißbrot (Bräunungsstufe: mittel) wählen und auf Start drücken.

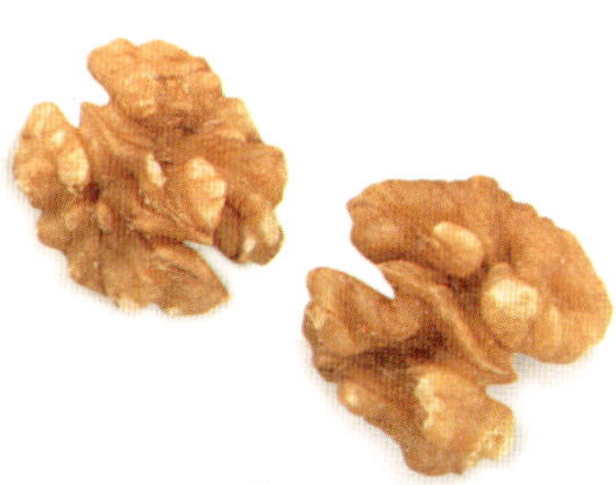

RECHTS Oliven-Käse-Brot

Apfelmus-Haselnuss-Brot

Dieses Brot mit Apfelmus schmeckt kaum süß und duftet wundervoll nach Gewürzen. Hafer und Haselnüsse geben ihm eine schöne Krume. Am besten eignet es sich als Frühstücksbrot.

500 Gramm	Zutaten	750 Gramm
1/2 Becher	Haferflocken	3/4 Becher
1/3 Becher	kochendes Wasser	1/2 Becher
1/3 Becher	ungesüßtes Apfelmus	1/2 Becher
1/4 Becher	Wasser	90 ml Wasser
1 EL	Pflanzenöl	1 1/2 EL
1 EL	Honig	1 1/2 EL
1/2 TL	Zimt	3/4 TL
1/4 TL	Piment	1/2 TL
2 EL	Milchpulver	3 EL
1/2 TL	Salz	3/4 TL
1 3/4 Becher	Weizenmehl	2 1/2 Becher
1 1/2 TL	Trockenhefe	2 1/4 TL
40 g	geröstete Haselnüsse	60 g

Zubereitung

Die Haferflocken in den Teigbehälter des Brotbackautomaten geben. Mit dem kochenden Wasser übergießen, umrühren und 15 Minuten stehen lassen. Dann die übrigen Zutaten – mit Ausnahme der gehackten Haselnüsse – in der empfohlenen Reihenfolge in den Teigbehälter geben. Das Programm für Weißbrot (Bräunungsstufe: mittel) wählen. Die Haselnüsse nach dem ersten Knetvorgang zufügen. Das Apfelmus sollte recht dickflüssig sein. Ist dies nicht der Fall, läßt man es in einem kleinen Topf köcheln, bis die überschüssige Flüssigkeit verkocht ist. Das Apfelmus nach dem Kochen abmessen. Die Teigkonsistenz 5 Minuten nach Beginn des Knetvorgangs prüfen und nötigenfalls noch etwas Wasser oder Mehl zufügen. Den Honig weglassen, wenn das Apfelmus gesüßt ist.

Ricotta-Brot mit Walnüssen und Basilikum

Probieren Sie dieses Brot für Sandwiches mit Hackbraten, zu Nudelgerichten, leichten Suppen und Salaten.

500 Gramm	Zutaten	750 Gramm
2 EL	Olivenöl	3 EL
1 TL	getr. Basilikum	1/2 TL
2/3 Becher	Ricotta	1 Becher
1	Ei	1 + 1 Eigelb
3 EL	Milch	4 1/2 EL
2 TL	Zucker	1 EL
1 TL	Salz	1 1/2 TL
2 Becher	Weizenmehl	3 Becher
1 1/2 TL	Trockenhefe	2 1/4 TL
1/4 Becher	gehackte Walnüsse	6 EL

Zubereitung

Das Öl in einer schweren Pfanne erhitzen. Das Basilikum zufügen und bei niedriger Temperatur 1 Minute erhitzen. Von der Kochstelle nehmen und abkühlen lassen.
Den Ricotta, wenn nötig, abtropfen lassen.
Das abgekühlte Basilikumöl, den abgetropften Ricotta und die übrigen Zutaten – mit Ausnahme der Walnüsse – in der vom Gerätehersteller empfohlenen Reihenfolge in den Teigbehälter des Brotbackautomaten geben. Das Programm für Weißbrot (Bräunungsstufe: mittel) wählen. Die Walnüsse nach dem ersten Knetvorgang zufügen.

Tropisches Ananasbrot

Dieses Brot ist mit kandierter Ananas und Kokosraspel gesüßt und zusätzlich mit Muskatnuß und Ingwer gewürzt. Es schmeckt köstlich, wenn man es toastet und mit Frischkäse bestreicht.

500 GRAMM	ZUTATEN	750 GRAMM
1/2 Becher	Wasser	3/4 Becher
4 EL	Milch	6 EL
2 EL	Butter	3 EL
2 EL	Honig	3 EL
1/4 TL	gemahlener Ingwer	1/2 TL
1/4 TL	gerieb. Muskatnuß	1/2 TL
1/2 TL	Salz	3/4 TL
1/2 Becher	Weizenvollkornmehl	3/4 Becher
1 1/2 Becher	Weizenmehl	2 1/4 Becher
1 1/2 TL	Trockenhefe	2 1/4 TL
1/3 Becher	kleingeschnittene kandierte Ananas	1/2 Becher
1/4 Becher	Kokosraspel	6 EL
1/4 Becher	Macadamia-Nüsse	6 EL

ZUBEREITUNG

Die Zutaten – mit Ausnahme der letzten drei – in der vom Gerätehersteller empfohlenen Reihenfolge in den Teigbehälter des Brotbackautomaten geben. Etwa die Hälfte der Ananasstücke zufügen, damit sie während des Knetens zerkleinert werden. Das Programm für Weißbrot (Bräunungsstufe: mittel) wählen. Restliche Ananas, Kokosraspel und gehackte Nüsse nach dem ersten Knetvorgang zufügen.

Zimt-Rosinen-Brot

Dieses helle, leicht süße Weizenvollkornbrot läßt sich gut toasten und schmeckt köstlich mit Apfel- oder Kürbisbutter.

500 Gramm	Zutaten	750 Gramm
1/2 Becher	Wasser	3/4 Becher
4 EL	Milch	6 EL
2 EL	Butter	3 EL
3 EL	brauner Zucker	4 1/2 EL
1/2 TL	Salz	3/4 TL
2 TL	Zimt	1 EL
1 1/2 Becher	Weizenmehl	2 1/4 Becher
1/2 Becher	Weizenvollkornmehl	3/4 Becher
2 TL	Trockenhefe	1 EL
1/3 Becher	Rosinen	1/2 Becher

Zubereitung

Die Zutaten – mit Ausnahme der Rosinen – in der vom Gerätehersteller empfohlenen Reihenfolge in den Teigbehälter des Brotbackautomaten geben. Das Programm für Vollkornbrot (Bräunungsstufe: mittel) wählen und auf Start drücken. Die Rosinen nach dem ersten Knetvorgang oder im Anschluß an die Signaltöne für die Zugabe von Früchten zufügen.

Werden die Rosinen zu Beginn des Knetvorgangs in den Teigbehälter des Brotbackautomaten gegeben, wird das Brot dunkler und süßer.

Lauras Ingwer-Apfelmus-Brot

Der Geschmack von Ingwer und Äpfeln ist bei diesem Brot genau richtig – aromatisch, aber nicht zu kräftig. Durch das Grahammehl erhält das Brot eine schöne Krume.

500 Gramm	Zutaten	750 Gramm
1/3 Becher	Wasser	1/2 Becher
1/2 Becher	ungesüßtes Apfelmus	3/4 Becher
2 EL	Milchpulver	3 EL
1 EL	Butter	1 1/2 EL
2 EL	Melasse	3 EL
1 TL	gemahlener Ingwer	1 1/2 TL
1/2 TL	Salz	3/4 TL
1 Becher	Weizenmehl	1 1/2 Becher
1 Becher	Grahammehl	1 1/2 Becher
1 1/2 TL	Trockenhefe	2 1/4 TL

Zubereitung

Die Zutaten in der vom Gerätehersteller empfohlenen Reihenfolge in den Teigbehälter des Brotbackautomaten geben. Das Programm für Vollkornbrot (Bräunungsstufe: mittel) wählen und auf Start drücken.

Die benötigte Menge an Wasser ist vom Flüssigkeitsgehalt des Apfelmuses abhängig. Ist das Apfelmus sehr flüssig, läßt man es auf dem Herd köcheln, damit überschüssiges Wasser verkocht. Die Teigkonsistenz während des Knetvorgangs prüfen und nötigenfalls noch etwas Mehl oder Wasser zufügen.

Mango-Macadamianuss-Brot

Mit seinem tropischen Geschmack eignet sich dieses Brot besonders gut für Sandwiches mit Geflügel-Frucht-Salat.

500 GRAMM	ZUTATEN	750 GRAMM
1/3 Becher	Haferflocken	1/2 Becher
4 EL	kochendes Wasser	6 EL
1/2 Becher	pürierte Mango	3/4 Becher
4 EL	Milch	6 EL
1 EL	Butter	1 1/2 EL
2 TL	Zucker	1 EL
1/2 TL	Salz	3/4 TL
1/4 TL	gemahlener Ingwer	1/2 TL
1/4 TL	gerieb. Muskatnuß	1/2 TL
1 3/4 Becher	Weizenmehl	2 2/3 Becher
2 TL	Trockenhefe	1 EL
1/4 Becher	Macadamia-Nüsse	6 EL

ZUBEREITUNG

Die Haferflocken in den Teigbehälter des Brotbackautomaten geben. Mit dem kochenden Wasser übergießen, gründlich durchrühren und mindestens 15 Minuten stehen lassen. Dann die übrigen Zutaten – mit Ausnahme der Nüsse – in der vom Gerätehersteller empfohlenen Reihenfolge zufügen. Das Programm für Weißbrot (Bräunungsstufe: mittel) wählen und auf Start drücken. Die Teigkonsistenz nach etwa 10 Minuten prüfen. Je nach Flüssigkeitsgehalt der Mango kann es nötig sein, noch etwas Milch oder Mehl zuzugeben. Die gehackten Nüsse nach dem ersten Knetvorgang zufügen.

Trail-Mix-Brot

Amerikanischer Trail Mix ist eine Art Studentenfutter aus den verschiedensten Trockenfrüchten, Körnern oder Nüssen und kann mit Kokosstückchen oder anderen Köstlichkeiten gesüßt sein. Ebenso unterschiedlich wie die Mischungen sind auch die damit gebackenen Brote.

500 Gramm	Zutaten	750 Gramm
1/2 Becher	Wasser	3/4 Becher
4 EL	Milch	6 EL
2 EL	Pflanzenöl	3 EL
2 EL	Honig	3 EL
1 TL	Salz	1 1/2 TL
1 1/3 Becher	Weizenmehl	2 Becher
2/3 Becher	Weizenvollkornmehl	1 Becher
1 1/2 TL	Trockenhefe	2 1/4 TL
1/2 Becher	Studentenfutter	3/4 Becher

Zubereitung

Die Zutaten – mit Ausnahme des Studentenfutters – in der vom Gerätehersteller empfohlenen Reihenfolge in den Teigbehälter des Brotbackautomaten geben. Das Programm für Vollkornbrot (Bräunungsstufe: mittel) wählen. Das Studentenfutter nach dem ersten Knetvorgang zufügen. Einfaches Studentenfutter, das vielleicht nur aus Rosinen und Sonnenblumenkernen besteht, kann man mit Datteln, getrockneten Aprikosen, getrockneten Kirschen, Pekannüssen oder Cashew-Kernen anreichern. Ganze Nüsse und Mandeln grob hacken. Schokolade sollte die Mischung nicht enthalten, da sie leicht verbrennt.

Grahambrot mit Aprikosen

Getrocknete Aprikosen und Melasse geben diesem Brot einen Hauch von Süße. Die Krume ist durch das Grahammehl etwas fester als gewöhnlich. Dieses köstliche Frühstücksbrot eignet sich auch gut für Sandwiches mit Huhn oder Frischkäse.

500 Gramm	Zutaten	750 Gramm
2/3 Becher	Wasser	1 Becher
1 EL	Pflanzenöl	1 1/2 EL
2 EL	Melasse	3 EL
1/3 Becher	grobgehackte getrocknete Aprikosen	1/2 Becher
2 EL	Milchpulver	3 EL
1/2 TL	Salz	3/4 TL
1 Becher	Weizenmehl	1 1/2 Becher
1 Becher	Grahammehl	1 1/2 Becher
1 1/2 TL	Trockenhefe	2 1/4 TL

Zubereitung

Die Zutaten in der vom Gerätehersteller empfohlenen Reihenfolge in den Teigbehälter des Brotbackautomaten geben. Das Programm für Vollkornbrot (Bräunungsstufe: mittel) wählen.

Rechts Trail-Mix-Brot

Birnenbrot

Dieses Rezept basiert auf einem Brot, das in französischen Birnenanbaugebieten gebacken wird. Es hat ein feines, süßes Birnenaroma und schmeckt gut zum Frühstück oder Nachmittagstee. Es eignet sich aber auch für Sandwiches mit mildem Geschmack, wie etwa mit Frischkäse und Salatgurke.

500 Gramm	Zutaten	750 Gramm
1/2 Becher	Birnenmus	3/4 Becher
etwa 3 EL	Birnenflüssigkeit oder Wasser	4–5 EL
2 TL	Honig	1 EL
2 EL	Butter	3 EL
1/2 TL	Salz	3/4 TL
1/2 TL	gemahlener Ingwer	3/4 TL
1/2 TL	gerieb. Muskatnuß	3/4 TL
2 Becher	Weizenmehl	3 Becher
1 1/2 TL	Trockenhefe	2 1/4 TL

Zubereitung

Um das Birnenmus zuzubereiten, für das 500-g-Rezept 3 Birnen und für das 750-g-Rezept 4 oder 5 Birnen schälen und die Kerngehäuse entfernen. Die Birnen jeweils in mehrere Stücke schneiden. Mit 1 bis 2 EL Wasser in einen kleinen Topf geben und zunächst bei sehr niedriger Temperatur erhitzen. Auf diese Weise geben die Birnen rasch ihren Saft ab, und es ist kein zusätzliches Wasser nötig. Dann auf mittlere Hitze heraufschalten und die Birnen etwa 10 Minuten garen, bis sie sehr weich sind. Das Obst gut abtropfen lassen, die Flüssigkeit auffangen. Die Birnen im Mixer oder in der Küchenmaschine pürieren.
Die benötigte Menge Birnenmus abmessen und zusammen mit den übrigen Zutaten in der vom Gerätehersteller empfohlenen Reihenfolge in den Teigbehälter des Brotbackautomaten geben. Die erforderliche Menge an Flüssigkeit ist vom Flüssigkeitsgehalt des Birnenpürees abhängig. Den Teig während des Knetens beobachten und Birnenflüssigkeit (oder Wasser) zugeben, bis er die richtige Konsistenz hat – er soll weder zu fest noch zu weich sein. Das Programm für Weißbrot wählen (Bräunungsstufe: mittel) und auf Start drücken.

Preiselbeerbrot

Dieses Brot ist mit Preiselbeeren und Orangenschale aromatisiert. Es hat einen leicht süßen Geschmack und eignet sich gut zum Toasten und für Sandwiches mit Putenfleisch oder Schweinebraten.

500 GRAMM	ZUTATEN	750 GRAMM
1/2 Becher	Wasser	3/4 Becher
2 EL	Butter	3 EL
3 EL	Zucker	4 1/2 EL
1/2 TL	Salz	3/4 TL
2 TL	abgeriebene Orangenschale	1 EL
1/2 TL	grieb. Muskatnuß	3/4 TL
2/3 Becher	Preiselbeeren	1 Becher
1/2 Becher	Weizenvollkornmehl	3/4 Becher
1 1/2 Becher	Weizenmehl	2 1/4 Becher
2 TL	Trockenhefe	1 EL

ZUBEREITUNG

Die Zutaten in der vom Gerätehersteller empfohlenen Reihenfolge in den Teigbehälter des Brotbackautomaten geben. Das Programm für Weißbrot (Bräunungsstufe: mittel) wählen und auf Start drücken.

Sollen für das Rezept tiefgefrorene Preiselbeeren verwendet werden, müssen sie zuvor auftauen. Gibt man die Beerenfrüchte zusammen mit den übrigen Zutaten in den Teigbehälter, werden sie während des Knetvorgangs genau im richtigen Maß zerkleinert. Der Teig erscheint zu Beginn etwas trocken, doch erhält er durch die zerkleinerten Beeren zusätzlich Flüssigkeit.

Buttermilch-Früchte-Brot

Dieses helle Weizenvollkornbrot wird mit Buttermilch, getrockneten Früchten und etwas Zimt zubereitet. Geeignet ist jede Mischung von Trockenfrüchten, wie etwa Pfirsiche, Aprikosen, Kirschen, Rosinen und Feigen.

500 Gramm	Zutaten	750 Gramm
1/2 Becher	Buttermilch	7/8 Becher
1	Ei	1
2 EL	Butter	3 EL
2 EL	Zucker	3 EL
1/2 TL	Salz	3/4 TL
1/2 TL	Natron	1/2 TL
1/2 TL	Zimt	3/4 TL
1 1/2 Becher	Weizenmehl	2 1/4 Becher
1/2 Becher	Weizenvollkornmehl	3/4 Becher
1 1/2 TL	Trockenhefe	2 1/4 TL
1/3 Becher	getrocknete Früchte	1/2 Becher

Zubereitung

Die Zutaten – mit Ausnahme der Trockenfrüchte – in der vom Gerätehersteller empfohlenen Reihenfolge in den Teigbehälter des Brotbackautomaten geben. Das Programm für Vollkornbrot (Bräunungsstufe: mittel) wählen und auf Start drücken. Die grobgehackten Trockenfrüchte nach dem ersten Knetvorgang oder im Anschluß an die Signaltöne für die Zugabe von Früchten zufügen.

Salbeibrot mit roter Paprika

Dieses Brot, das mit Hartweizengrieß zubereitet wird, ist wunderbar locker. Salbei, gerösteter Sesam und geröstete rote Paprikaschote verleihen ihm ein herrliches Aroma.

500 GRAMM	ZUTATEN	750 GRAMM
1/2 Becher	Milch	3/4 Becher
1/3 Becher	gehackte, geröstete rote Paprika	1/2 Becher
2 EL	Olivenöl	3 EL
1 EL	Zucker	1 1/2 EL
3 EL	geröstete Sesamsamen	4 1/2 EL
1 TL	Salz	1 1/2 TL
1/2 TL	getrockneter Salbei	3/4 TL
1 1/3 Becher	Weizenmehl	2 Becher
2/3 Becher	Hartweizengrieß	1 Becher
1 1/2 TL	Trockenhefe	2 1/4 TL

ZUBEREITUNG

Die Zutaten in der vom Gerätehersteller empfohlenen Reihenfolge in den Teigbehälter des Brotbackautomaten geben. Das Programm für Weißbrot (Bräunungsstufe: mittel) wählen und auf Start drücken.

Um den Sesam zu rösten, die Samen bei mittlerer Hitze in eine kleine trockene Pfanne geben. Die Samen häufig umrühren oder die Pfanne rütteln, damit der Sesam nicht verbrennt. Vor der Verwendung abkühlen lassen.

Um die Paprika zu rösten, jede Schote in 3 oder 4 beinahe flache Stücke schneiden. Die Stücke mit der Haut nach oben auf das Grillblech oder auf doppelte Alufolie legen. Unter den Grill schieben, bis die Haut schwarz wird und Blasen wirft. Einzelne Paprikastücke herausnehmen, sobald eines fertig ist; sie garen nicht gleichmäßig. Nach dem Herausnehmen sofort in einen Folienbeutel geben und 10 Minuten liegen lassen. Dann die Haut abziehen. Wird die Paprika zu Beginn des Knetvorgangs hinzugefügt, färbt sie das Brot, zusammen mit dem gelben Hartweizengrieß, orangerot und sondert mehr Flüssigkeit ab. Gibt man sie gegen Ende des Knetvorgangs zu, ist möglicherweise ein weiterer Eßlöffel Milch erforderlich. Anstelle von frischen Paprikaschoten läßt sich für dieses Rezept auch eingelegte geröstete Paprika verwenden.

Kalifornisches Mandel-Feigen-Brot

Die Zugaben für dieses Joghurtbrot – Mandeln und Feigen – kommen aus dem Central Valley in Kalifornien. Es ist ein herzhaftes Brot, auch wenn die Feigen für eine leicht süße Note sorgen.

500 GRAMM	ZUTATEN	750 GRAMM
1/2 Becher	Naturjoghurt	3/4 Becher
4 EL	Wasser	6 EL
1 EL	Pflanzenöl	1 1/2 EL
2 EL	Honig	3 EL
1/2 TL	Salz	3/4 TL
3 EL	Haferkleie	4 1/2 EL
2 Becher	Weizenmehl	3 Becher
1 1/2 TL	Trockenhefe	2 1/4 TL
1/3 Becher	grobgehackte Feigen	1/2 Becher
3 EL	Mandelstifte	4 1/2 EL

ZUBEREITUNG

Die Zutaten – mit Ausnahme der Feigen und Mandeln – in der vom Gerätehersteller empfohlenen Reihenfolge in den Teigbehälter des Brotbackautomaten geben. Das Programm für Weißbrot (Bräunungsstufe: mittel) wählen und auf Start drücken. Die Feigen und Mandeln nach dem ersten Knetvorgang zufügen.

Mandel-Mohn-Brot

Dieses lockere, kaum süße Brot bekommt durch den Hafer eine schöne Krume. Es eignet sich gut als Frühstücksbrot oder als Imbiß.

500 GRAMM	ZUTATEN	750 GRAMM
1	Ei	1
1/2 Becher	Milch	7/8 Becher
2 EL	Butter	3 EL
2 EL	Zucker	3 EL
1 TL	Mandelextrakt	1 1/2 TL
2 EL	Mohnsaat	3 EL
1/2 TL	Salz	3/4 TL
1/3 Becher	Haferflocken	1/2 Becher
1 3/4 Becher	Weizenmehl	2 2/3 Becher
1 1/2 TL	Trockenhefe	2 1/4 TL
1/4 Becher	Mandelstifte	6 EL

ZUBEREITUNG

Die Zutaten – mit Ausnahme der Mandeln – in der vom Gerätehersteller empfohlenen Reihenfolge in den Teigbehälter des Brotbackautomaten geben. Das Programm für Weißbrot (Bräunungsstufe: mittel) wählen und auf Start drücken. Die Mandeln im Anschluß an die Signaltöne oder nach dem ersten Knetvorgang zufügen.

Im Ofen gebackene Brote, Brötchen und Bagels

Zitronen-Mohn-Zopf

Dieser leicht süße Hefezopf mit Mohn und feinem Zitronenaroma wird bei Ihrem Brunch oder Nachmittagskaffee für Furore sorgen.

500 GRAMM	ZUTATEN	750 GRAMM
1	Ei	1 + 1 Eigelb
1/2 Becher	Zitronenjoghurt	3/4 Becher
3 EL	Butter	4 1/2 EL
3 EL	Zucker	4 1/2 EL
3 EL	Mohnsaat	4 1/2 EL
2 TL	abgeriebene Zitronenschale	1 EL
1 TL	Salz	1 1/2 TL
2 Becher	Weizenmehl	3 Becher
1 1/2 TL	Trockenhefe	2 1/4 TL

GLASUR

1 Eiweiß, mit 2 TL Wasser verquirlt

ZUBEREITUNG

Die Zutaten für den Teig in den Behälter des Brotbackautomaten geben. Das Teigprogramm für Weißbrot wählen. Den fertigen Teig herausnehmen, kurz durchkneten und in drei gleiche Portionen teilen. Die Teigstücke 5 Minuten ruhen lassen. Ein Backblech mit Butter einfetten. Jedes Teigstück zu einem etwa 35 cm langen Strang (500-g-Rezept) bzw. zu einem 45 bis 50 cm langen Strang (750-g-Rezept) formen. Aus den Teigsträngen einen Zopf flechten, die Enden zusammendrücken und nach unten schlagen. Den Hefezopf abdecken und an einem warmen Platz 45 Minuten bis 1 Stunde gehenlassen, bis sich das Teigvolumen verdoppelt hat.

Den Hefezopf mit der Eiweißglasur bestreichen und bei 180 °C im vorgeheizten Backofen 25 bis 30 Minuten backen.

Croissants

Dieses Rezept ist eine stark vereinfachte Version der klassischen Croissants, deren Zubereitung bekanntermaßen sehr viel Zeit und Geduld erfordert. Auch dieses Gebäck enthält reichlich Butter, die allerdings zusammen mit den übrigen Zutaten verknetet und nicht wie bei französischen Croissants lagenweise zwischen den Teig geschichtet wird. Wichtig ist, daß die Butter Raumtemperatur hat.

16 STÜCK	ZUTATEN	24 STÜCK
1/2 Becher	Wasser	3/4 Becher
2 EL	Milchpulver	3 EL
1/2 Becher	Butter	3/4 Becher
1 EL	Zucker	1 1/2 EL
1 TL	Salz	1 1/2 TL
2 Becher	Weizenmehl	3 Becher
2 TL	Trockenhefe	1 EL

GLASUR

1 Ei

1 Prise Salz

ZUBEREITUNG

Die Zutaten für den Teig in der vom Gerätehersteller empfohlenen Reihenfolge in den Behälter des Brotbackautomaten geben. Das Teigprogramm für Weißbrot wählen und auf Start drücken.

Zwei Backbleche dünn mit Butter einfetten.

Den fertigen Teig aus dem Brotbackautomaten nehmen und kurz durchkneten. Den Teig des 500-g-Rezeptes in zwei Portionen, des 750-g-Rezeptes in drei Portionen teilen. 5 Minuten ruhen lassen. Jede Teigportion zu einem Kreis von etwa 25 cm Durchmesser und etwa 3 mm Dicke ausrollen. Um ihn so dünn ausrollen zu können, muß er zwischendurch möglicherweise für kurze Zeit ruhen.

Jeden Kreis wie eine Torte in acht gleichgroße Stücke schneiden. Die einzelnen Stücke nochmals mit dem Nudelholz flachrollen. Dann vom breiten Ende aus zur Spitze hin zusammenrollen und den Teig dabei behutsam in die Länge ziehen. Mit der Spitze nach unten auf das Backblech legen. Die Enden zur Mitte ziehen, so daß ein Halbmond entsteht.

Für die Glasur mit einer Gabel Ei und Salz verquirlen. Die Croissants damit bestreichen. Zugedeckt an einem warmen Platz etwa 1 Stunde gehenlassen, bis sich das Teigvolumen verdoppelt hat. Die Croissants erneut mit Glasur bestreichen. Bei 190 °C im vorgeheizten Backofen 20 bis 25 Minuten backen, bis sie goldbraun sind.

Knoblauch-Kräuter-Brötchen

Dieser pikante Brötchenkranz ist eine Abwandlung des traditionellen süßen »Monkey Bread«, das man in Amerika gerne zum Frühstück ißt. Kleine, mit Knoblauch aromatisierte Teigstücke werden in zerlassener Kräuterbutter gewendet und nebeneinander in eine Backform gelegt. Da die Brötchen heiß am besten schmecken, sollte ihre Zubereitung so geplant werden, daß sie erst 5 Minuten vor dem Servieren aus dem Ofen kommen.

500 GRAMM	ZUTATEN	750 GRAMM
3/4 Becher	Milch	1 1/2 Becher
2 EL	Pflanzenöl	3 EL
1 TL	Zucker	1 1/2 TL
1 TL	Salz	1 1/2 TL
1	Knoblauchzehe, zerdrückt	1 oder 2 kleine
1 1/2 Becher	Weizenmehl	2 1/4 Becher
1/2 Becher	Weizenvollkornmehl	3/4 Becher
1 1/2 TL	Trockenhefe	2 1/4 TL
4 EL	Butter	6 EL
2	Knoblauchzehen, zerdrückt	3
1/4 TL	getrockneter Salbei	1/4 TL
1/4 TL	getrockneter Rosmarin, zerstoßen	1/4 TL
1/2 TL	getrocknetes Basilikum	3/4 TL

ZUBEREITUNG

Die ersten acht Zutaten in der vom Gerätehersteller empfohlenen Reihenfolge in den Teigbehälter des Brotbackautomaten geben. Das Teigprogramm für Vollkornbrot wählen und auf Start drücken.

Einige Minuten bevor der Teig fertig ist, die Butter in einer kleinen schweren Pfanne zerlassen. Knoblauch und Kräuter hinzufügen und 2 Minuten sautieren. Bräunen Knoblauch oder Kräuter zu rasch, die Pfanne von der Kochstelle nehmen und die Zutaten in der eigenen Hitze weitergaren lassen. Wenn der Knoblauch verbrennt, bekommt das Brot einen bitteren Geschmack. Eine Backform dünn mit Öl einfetten.

Den fertigen Teig aus dem Brotbackautomaten nehmen, kurz durchkneten und zu einer dicken Rolle formen.

Die Rolle in 20 bis 24 Stücke (500-g-Rezept) bzw. 30 bis 36 Stücke (750-g-Rezept) schneiden. Aus den Teigstücken kleine Kugeln formen (sie müssen nicht vollkommen rund sein). Die Teigkugeln in der Kräuterbutter wenden und in die Backform setzen. Die Brötchen der ersten Lage sollten dicht nebeneinander liegen, sich aber nicht berühren, damit der Teig noch aufgehen kann. Die Stücke in den folgenden Lagen so anordnen, daß sie die Zwischenräume der darunterliegenden Schicht abdecken. Zum Schluß die Brötchen mit der übriggebliebenen Kräuterbutter beträufeln.

Den Brötchenkranz locker abdecken und an einem warmen Platz 30 bis 40 Minuten gehenlassen, bis sich das Teigvolumen verdoppelt hat. Dann bei 180 °C im vorgeheizten Backofen 25 bis 30 Minuten backen, bis die Brötchen leicht gebräunt sind und an einem hineingestochenen Holzspießchen kein Teig haften bleibt. Den Brötchenkranz auf eine Servierplatte stürzen. Sofort servieren.

Benötigt man mehr Zeit, um die Mahlzeit zuzubereiten, zu der die Brötchen gereicht werden sollen, läßt sich das Gehen des Teiges auch verlangsamen. Dazu stellt man den zusammengesetzten Brötchenkranz in den Kühlschrank und läßt ihn vor dem Backen wieder auf Raumtemperatur kommen. »Monkey Bread« wird traditionell in einer Kranzform gebacken, die für das 750-g-Rezept einen Durchmesser von 25 cm und für das 500-g-Rezept einen Durchmesser von 18 bis 20 cm haben sollte. Der Brötchenkranz sieht aber ebenso hübsch aus und schmeckt nicht weniger köstlich, wenn man eine runde Auflaufform verwendet, die 2 bis 3 cm kleiner als die Kranzform ist.

Knusprige Brotstangen

Diese dünnen Brotstangen halten sich mehrere Tage, wenn man sie in einem luftdicht verschlossenen Behälter aufbewahrt.

24 STÜCK	ZUTATEN	36 STÜCK
2/3 Becher	Wasser	1 Becher
1/4 Becher	Pflanzenöl	6 EL
2 TL	Zucker	1 EL
1 TL	Salz	1 1/2 TL
2 Becher	Weizenmehl	3 Becher
2 TL	Trockenhefe	1 EL
etwa 2 EL	Pflanzenöl	etwa 3 EL
1	Eiweiß	1
2 EL	Wasser	2 EL

Sesamsamen, Mohnsaat oder grobes Salz, nach Belieben

ZUBEREITUNG

Die Zutaten – mit Ausnahme der letzten drei – in der vom Gerätehersteller empfohlenen Reihenfolge in den Teigbehälter des Brotbackautomaten geben. Das Teigprogramm für Weißbrot wählen und auf Start drücken.

Zwei oder drei Backbleche einfetten.

Den fertigen Teig aus dem Behälter nehmen und kurz durchkneten. In 24 Stücke (kleineres Rezept) bzw. 36 Stücke (größeres Rezept) schneiden. Jedes Teigstück zwischen den Handflächen zu einem dünnen Strang von etwa 20 cm Länge rollen. Die Brotstangen mit gut 2 cm Abstand auf die Backbleche legen und dünn mit Öl bestreichen. Locker abdecken und an einem warmen Platz 20 bis 25 Minuten gehenlassen.

Den Backofen auf 180 °C vorheizen. Für die Glasur das Eiweiß mit 2 EL Wasser verquirlen. Die Brotstangen damit bestreichen und nach Belieben mit Sesam, Mohn oder Salz bestreuen. Etwa 25 Minuten backen, bis sie goldbraun sind.

Weiche Brotstangen

Diese weichen Brotstangen halten sich nicht lange. Am besten schmecken sie warm aus dem Ofen. Man kann sie mit Sesam, Mohn oder grobem Salz bestreuen.

20 STÜCK	ZUTATEN	30 STÜCK
1	Ei, getrennt	1
10 EL	Wasser	1 Becher
2 EL	Pflanzenöl	3 EL
2 TL	Zucker	1 EL
1 TL	Salz	$1^1/_2$ TL
2 Becher	Weizenmehl	3 Becher
$1^1/_2$ TL	Trockenhefe	$2^1/_4$ TL
2 EL	Wasser	2 EL

Sesamsamen, Mohnsaat oder grobes Salz, nach Belieben

ZUBEREITUNG

Das Ei trennen und das Eigelb in den Teigbehälter des Brotbackautomaten geben. Das Eiweiß für die Glasur aufbewahren. Die übrigen Zutaten – mit Ausnahme der 2 EL Wasser und der Samen – in der vom Gerätehersteller empfohlenen Reihenfolge mit in den Teigbehälter geben. Das Teigprogramm für Weißbrot wählen und auf Start drücken.

Zwei oder drei Backbleche einfetten. Für die Glasur das Eiweiß mit 2 EL Wasser verquirlen. Den Backofen auf 180 °C vorheizen.

Den fertigen Teig aus dem Behälter nehmen, kurz durchkneten und in 20 Stücke (kleineres Rezept) bzw. 30 Stücke (größeres Rezept) schneiden. Die einzelnen Stücke zwischen den Handflächen zu Strängen von etwa 15 cm Länge rollen. Die Brotstangen mit etwa 3 cm Abstand auf die Backbleche legen. Mit der Glasur bestreichen und nach Belieben mit Sesam, Mohn oder Salz bestreuen.

Die Brotstangen 20 bis 25 Minuten backen, bis sie goldbraun sind.

Hamburger- oder Hot-Dog-Brötchen

Hamburger- oder Hot-Dog-Brötchen lassen sich ebenso leicht backen wie einfache Brötchen, die man zum Essen reicht.

6 STÜCK	ZUTATEN	9 STÜCK
1	Ei	1
$^1/_2$ Becher	Milch	$^7/_8$ Becher
3 EL	Butter	$4^1/_2$ EL
2 EL	Zucker	3 EL
$^1/_2$ TL	Salz	$^3/_4$ TL
2 Becher	Weizenmehl	3 Becher
2 TL	Trockenhefe	1 EL
2 EL	Milch	3 EL

Sesamsamen, nach Belieben

ZUBEREITUNG

Die Zutaten – mit Ausnahme der 2 oder 3 EL Milch und dem Sesam – in der vom Gerätehersteller empfohlenen Reihenfolge in den Teigbehälter geben. Das Teigprogramm für Weißbrot wählen und auf Start drücken.

Den fertigen Teig aus dem Behälter nehmen und kurz durchkneten. Für das kleinere Rezept in 6 gleichgroße Stücke, für das größere Rezept in 9 Stücke schneiden. Die Teigstücke 5 Minuten ruhen lassen und in der Zwischenzeit ein oder zwei Backbleche mit Butter einfetten.

Für Hamburger-Brötchen die Teigstücke jeweils zu einer Kugel rollen und dann so flachdrücken, daß Teiglinge von etwa 7,5 cm Durchmesser und gut 1 cm Dicke entstehen.

Für Hot-Dog-Brötchen die Stücke jeweils zu einem 15 cm langen Teigstrang rollen und auf gut 1 cm Dicke flachdrücken. Die Brötchen auf das Backblech legen. Locker abdecken und 20 Minuten an einem warmen Platz gehenlassen. Den Backofen auf 200 °C vorheizen.

Die Brötchen dünn mit Milch bestreichen und nach Belieben mit Sesam bestreuen. Dann 12 bis 15 Minuten backen, bis an einem hineingestochenen Holzspießchen kein Teig mehr haften bleibt.

Roggenhörnchen

Diese Roggenhörnchen geben jeder Mahlzeit eine besondere Note. Sie schmecken so gut, daß man sogar auf Butter verzichten kann.

16 Stück	Zutaten	24 Stück
2/3 Becher	abgestandenes Bier	1 Becher
2 EL	Pflanzenöl	3 EL
1 EL	Honig	1 1/2 EL
1 TL	Salz	1 1/2 TL
1 TL	Kümmel	1 1/2 TL
1 1/2 Becher	Weizenmehl	2 1/4 Becher
3/4 Becher	Roggenmehl	1 1/8 Becher
2 TL	Trockenhefe	1 EL
2 EL	zerlassene Butter	3 EL

ZUBEREITUNG

Die Zutaten – mit Ausnahme der zerlassenen Butter – in der vom Gerätehersteller empfohlenen Reihenfolge in den Teigbehälter des Brotbackautomaten geben. Das Teigprogramm für Vollkornbrot wählen.

Den fertigen Teig aus dem Behälter nehmen und kurz durchkneten. Für das kleinere Rezept halbieren, für das größere Rezept dritteln. Die Teigstücke 5 Minuten ruhen lassen. Zwei oder drei Backbleche mit Öl einfetten.

Die Arbeitsfläche dünn mit Mehl bestäuben und die erste Teigportion zu einem runden Fladen von gut 20 cm Durchmesser ausrollen. Den Fladen wie eine Torte in 8 Stücke schneiden. Die Stücke von der breiten Seite aus locker zur Spitze hin zusammenrollen. Den zusammengerollten Teig ein wenig in die Länge ziehen und dann zu einem gebogenen Hörnchen formen. Die Hörnchen jeweils mit der Spitze nach unten auf die Backbleche legen. Mit der zweiten Teigportion ebenso verfahren.

Die Hörnchen etwa 1 Stunde gehenlassen, bis sich das Teigvolumen verdoppelt hat. Dann mit zerlassener Butter bestreichen und bei 200 °C im vorgeheizten Backofen 12 bis 15 Minuten backen, bis sie goldbraun sind.

LINKS Roggenhörnchen

Brot mit Hartweizengriess

Hartweizen- oder Durumweizengrieß wird zur Herstellung von Pasta verwendet, ergibt aber auch ein gutes Brot, wenn man ihn mit anderem Mehl mischt. Brote, die ausschließlich aus Hartweizengrieß bestehen, sind schwer und kompakt. Dieses Brot, das ausgezeichnet zu Nudeln paßt, ist hingegen locker und sehr aromatisch.

500 Gramm	Zutaten	750 Gramm
3/4 Becher	Wasser	1 1/8 Becher
1 TL	Zucker	1 1/2 TL
1 TL	Salz	1 1/2 TL
1 1/2 Becher	Weizenmehl	2 1/4 Becher
2/3 Becher	Hartweizengrieß	1 Becher
1 1/2 TL	Trockenhefe	2 1/4 TL

GLASUR

1 Eigelb, mit 1 TL Wasser verquirlt

2–3 EL Sesamsamen

ZUBEREITUNG

Die Zutaten für den Teig in den Behälter des Brotbackautomaten geben. Das Teigprogramm für Weißbrot wählen und auf Start drücken.

Den fertigen Teig aus dem Behälter nehmen und kurz durchkneten. Ein dickes Stangenbrot daraus formen und auf ein mit Maismehl bestreutes Backblech legen. Zugedeckt etwa 45 Minuten an einem warmen Platz gehenlassen, bis sich das Teigvolumen verdoppelt hat.

Das Brot mit dem verquirlten Eigelb bestreichen und mit Sesam bestreuen. Bei 190 °C im vorgeheizten Backofen etwa 30 Minuten backen, bis es hohl klingt, wenn man mit dem Knöchel auf die Unterseite des Brotes klopft.

Pesto-Wickelbrot

Für dieses lockere Weizenvollkornbrot wird der Teig mit Pesto bestrichen und zusammengerollt. Das köstliche Wickelbrot paßt gut zu Suppen, Salaten, Nudelgerichten und gegrilltem Fleisch und Fisch. Man kann den Pesto fertig kaufen oder nach unten angegebenem Rezept selbst zubereiten. Wichtig ist, daß man überschüssiges Öl abtropfen läßt, das anstelle des Pflanzenöls für den Teig verwendet werden kann.

500 GRAMM	ZUTATEN	750 GRAMM
1/2 Becher	Wasser	3/4 Becher
1/4 Becher	Milch	6 EL
1 EL	Pflanzenöl	1 1/2 EL
1 EL	Zucker	1 1/2 EL
1 TL	Salz	1 1/2 TL
1 1/2 Becher	Weizenmehl	2 1/4 Becher
1/2 Becher	Weizenvollkornmehl	3/4 Becher
2 TL	Trockenhefe	1 EL
1/4 Becher	Pesto	6 EL

ZUBEREITUNG

Die Zutaten – mit Ausnahme des Pesto – in der vom Gerätehersteller empfohlenen Reihenfolge in den Teigbehälter des Brotbackautomaten geben. Das Teigprogramm für Vollkornbrot wählen und auf Start drücken.

Eine 20 bis 25 cm lange Kastenform mit Butter einfetten. (Die Form ist für beide Rezepte ausreichend groß.)

Den fertigen Teig aus dem Behälter nehmen, kurz durchkneten und 5 Minuten ruhen lassen. Die Arbeitsfläche leicht mit Mehl bestäuben und den Teig zu einem Rechteck von etwa 20 cm Breite und 35 bis 45 cm Länge ausrollen. Den Teig gleichmäßig mit Pesto bestreichen und dann zu einem 20 cm langen Wickelbrot aufrollen. Mit dem Teigende nach unten in die Form legen. Locker abdecken und an einem warmen Platz 1 Stunde gehenlassen.

Das Brot bei 180 °C im vorgeheizten Ofen 30 bis 35 Minuten backen, bis es goldbraun ist und an einem hineingestochenen Holzspießchen kein Teig mehr haften bleibt. Das Brot aus der Form nehmen und vor dem Servieren mindestens 15 Minuten auf einem Kuchengitter abkühlen lassen.

PESTO

ZUTATEN	ZUBEREITUNG
1 Becher frische Basilikumblätter 2 EL Walnußstücke 1 Knoblauchzehe 1/4 Becher frisch geriebener Parmesan 1 Prise Salz etwa 2 EL Olivenöl	Die Zutaten – mit Ausnahme des Olivenöls – in den Mixer geben. Den Mixer einschalten und das Öl in kleinen Mengen zufügen. Der Pesto sollte nicht zu fein püriert und recht trocken sein, damit der Brotteig nicht von Öl durchfeuchtet wird.

Kleeblattbrötchen

Diese lockeren Weizenvollkornbrötchen schmecken ausgezeichnet als Beilage zu einer warmen Mahlzeit. Sie können zusätzlich einen 1/2 Teelöffel getrockneten Oregano oder Dill oder 2 Teelöffel Schnittlauch zufügen.

12 – 16 STÜCK	ZUTATEN	18 – 24 STÜCK
1/2 Becher	zerdrückte Kartoffeln	3/4 Becher
1	Ei	1
1/4 Becher	Milch	1/2 Becher
1 EL	Pflanzenöl	1 1/2 EL
1 EL	Zucker	1 1/2 EL
1 TL	Salz	1 1/2 TL
1 1/3 Becher	Weizenmehl	2 Becher
2/3 Becher	Weizenvollkornmehl	1 Becher
2 TL	Trockenhefe	1 EL
etwa 3 EL	zerlassene Butter	etwa 4 EL

ZUBEREITUNG

Die Zutaten – mit Ausnahme der zerlassenen Butter – in der vom Gerätehersteller empfohlenen Reihenfolge in den Teigbehälter des Brotbackautomaten geben. Das Teigprogramm für Vollkornbrot wählen und auf Start drücken.

Für das kleinere Rezept 12 bis 16 Förmchen einer Muffin-Backform, für das größere Rezept 18 bis 24 Förmchen dünn mit Öl einfetten.

Den fertigen Teig aus dem Behälter nehmen und kurz durchkneten. Für das kleinere Rezept in 12 bis 16 gleiche Stücke schneiden, für das größere Rezept in 18 bis 24 Stücke. Dann jede Portion dritteln. Die Teigstücke zu kleinen Kugeln rollen und in der zerlassenen Butter wenden. In jedes Muffin-Förmchen drei kleine Teigkugeln setzen. Locker abdecken und an einem warmen Platz 45 Minuten bis 1 Stunde gehen lassen, bis sich das Teigvolumen verdoppelt hat.

Den Backofen auf 190 °C vorheizen. Die Kleeblattbrötchen dünn mit der verbliebenen zerlassenen Butter bestreichen und dann 15 bis 20 Minuten backen, bis sie goldbraun sind.

Dunkle Rosinenbrötchen

Diese weichen, leicht süßen Rosinenbrötchen mit Roggenmehl schmecken köstlich als Beilage zu einer warmen Mahlzeit.

8 – 12 Stück	Zutaten	12 – 16 Stück
1	Ei	1
1/2 Becher	Milch	7/8 Becher
3 EL	Pflanzenöl	4 1/2 EL
2 EL	Melasse	3 EL
1/2 TL	Salz	3/4 TL
2 EL	ungesüßtes Kakaopulver	3 EL
1 TL	Kümmel	1 1/2 TL
3/4 Becher	Weizenmehl	1 1/4 Becher
3/4 Becher	Weizenvollkornmehl	1 1/4 Becher
3/4 Becher	Roggenmehl	1 1/4 Becher
2 TL	Trockenhefe	1 EL
3 EL	Rosinen	4 1/2 EL
1 EL	zerlassene Butter	1 1/2 EL

ZUBEREITUNG

Die Zutaten – mit Ausnahme der Rosinen – in der vom Gerätehersteller empfohlenen Reihenfolge in den Teigbehälter des Brotbackautomaten geben. Das Teigprogramm für Vollkornbrot wählen und auf Start drücken. Die Rosinen nach dem ersten Knetvorgang zufügen.

Für das kleinere Rezept eine 20 cm große, quadratische Backform, für das größere Rezept eine etwa 20 x 30 cm große Backform dünn mit Öl einfetten.

Den fertigen Teig aus dem Behälter nehmen und kurz durchkneten. In 8 bis 12 Stücke bzw. in 12 bis 16 Stücke schneiden. Die Teigstücke jeweils zu Kugeln rollen. Die Teigkugeln mit gut 1 cm Abstand in die Backform setzen. Locker abdecken und an einem warmen Platz etwa 1 Stunde gehenlassen, bis sich das Teigvolumen verdoppelt hat. Den Backofen auf 200 °C vorheizen. Die Brötchen dünn mit zerlassener Butter bestreichen. Dann 12 bis 15 Minuten backen.

Baguette-Brot

Dieses französische Stangenweißbrot schmeckt warm besonders köstlich. Es ist aber schon am nächsten Tag trocken.

500 Gramm	Zutaten	750 Gramm
3/4 Becher	Wasser	1 Becher
1 TL	Salz	1 1/2 TL
2 Becher	Weizenmehl	3 Becher
2 TL	Trockenhefe	1 EL

ZUBEREITUNG

Die Zutaten in der vom Gerätehersteller empfohlenen Reihenfolge in den Teigbehälter des Brotbackautomaten geben. Das Teigprogramm für Weißbrot wählen und auf Start drücken.

Den Teig nach dem ersten Knetvorgang aus dem Behälter nehmen und kurz von Hand durchkneten. In zwei gleiche Portionen teilen. Die Teigstücke auf der leicht bemehlten Arbeitsfläche jeweils zu einem dicken Strang von etwa 20 cm Länge (500-g-Rezept) bzw. von etwa 25 cm Länge (750-g-Rezept) rollen. Auf ein mit Maismehl bestreutes Backblech legen. Jedes Brot mit einem scharfen Messer mehrmals schräg einschneiden. Locker abdecken und an einem warmen Platz 45 Minuten bis 1 Stunde gehenlassen, bis sich das Teigvolumen verdoppelt hat. Für die Glasur 1 EL Eiweiß mit 1 EL Wasser verquirlen. Die Brote dünn damit bestreichen. Dann bei 200 °C im vorgeheizten Backofen etwa 25 Minuten backen, bis die Brote goldbraun sind und es hohl klingt, wenn man mit dem Knöchel auf die Unter- und Oberseite klopft.

Das Brot wird knuspriger, wenn man eine flache Schale mit kochendem Wasser auf der unteren Einschubleiste mit in den Ofen stellt oder die Brote zu Beginn der Backzeit und ein- oder zweimal während des Backens leicht mit Wasser besprüht.

RECHTS Dunkle Rosinenbrötchen

Kartoffelbrötchen mit Knoblauch und Pfeffer

Diese lockeren Brötchen sind mit Knoblauch und frisch gemahlenem schwarzem Pfeffer gewürzt und passen zu fast jeder Vorspeise.

8 – 12 Stück	Zutaten	12 – 16 Stück
1	Ei	1 + 1 Eigelb
3 EL	Milch	4 1/2 EL
1/2 Becher	zerdrückte Kartoffeln	3/4 Becher
2 EL	Pflanzenöl	3 EL
1 EL	Zucker	1 1/2 EL
2	Knoblauchzehen, zerdrückt	3
1 1/2 TL	schwarzer Pfeffer	2 1/4 TL
1 TL	Salz	1 1/2 TL
2 Becher	Weizenmehl	3 Becher
1 1/2 TL	Trockenhefe	2 1/4 TL
2 EL	Milch	3 EL

Zubereitung

Die Zutaten – mit Ausnahme der Milch – in der vom Gerätehersteller empfohlenen Reihenfolge in den Teigbehälter des Brotbackautomaten geben. Das Teigprogramm für Weißbrot wählen und auf Start drücken.

Für das kleinere Rezept eine 20 cm große, quadratische Backform, für das größere Rezept eine etwa 20 x 30 cm große Backform dünn mit Öl einfetten.

Den fertigen Teig aus dem Behälter nehmen und kurz durchkneten. Für das kleinere Rezept in 8 bis 12 gleichgroße Stücke schneiden, für das größere Rezept in 12 bis 16 Stücke. Die Teigstücke jeweils zu Kugeln rollen – sie müssen nicht vollkommen rund sein. Die Teigkugeln mit gut 1 cm Abstand in die Backform setzen. Locker abdecken und an einem warmen Platz 45 Minuten bis 1 Stunde gehenlassen, bis sich das Teigvolumen verdoppelt hat.

Den Backofen auf 190 °C vorheizen. Die Brötchen dünn mit Milch bestreichen. Dann 12 bis 15 Minuten backen, bis sie goldbraun sind und an einem hineingestochenen Holzspießchen kein Teig mehr haften bleibt.

Englische Muffins

Diese englischen Muffins sind etwas knuspriger als gekaufte Muffins und haben auch ein frischeres Aroma. Am einfachsten lassen sie sich zubereiten, wenn man einen Keksausstecher von 7,5 cm Durchmesser und eine Backplatte verwendet, doch kann man ebensogut eine saubere Thunfisch- oder Ananasdose und eine große schwere Pfanne nehmen.

10–12 Stück	Zutaten	15–18 Stück
1/2 EL	Natron	3/4 TL
4 EL	Wasser	6 EL
1/2 Becher	Milch	3/4 Becher
2 EL	Pflanzenöl	3 EL
2 TL	Zucker	1 EL
1/2 TL	Salz	3/4 TL
2 Becher	Weizenmehl	3 Becher
2 TL	Trockenhefe	1 EL
	Maismehl	

Zubereitung

Das Natron im Wasser auflösen und zusammen mit den übrigen Zutaten – mit Ausnahme des Maismehls – in der vom Gerätehersteller empfohlenen Reihenfolge in den Teigbehälter geben. Das Teigprogramm für Weißbrot wählen und auf Start drücken.

Ein Backblech oder eine große Platte mit Maismehl bestreuen. (Die Muffins sehen appetitlicher aus, wenn man sie nicht in gelbem, sondern in weißem Maismehl wendet.)

Den fertigen Teig aus dem Behälter nehmen, kurz durchkneten und halbieren. 5 Minuten ruhen lassen. Dann eine Portion auf der leicht bemehlten Arbeitsfläche 1 cm dick ausrollen. Mit einem Keksausstecher 7,5 cm große Muffins ausstechen. Die Muffins auf das mit Maismehl bestreute Backblech legen und wenden, damit beide Seiten überzogen werden. Mit der zweiten Teighälfte ebenso verfahren. Die Teigabschnitte kann man zusammenkneten, einige Minuten ruhen lassen und dann für weitere Muffins ausrollen. Ein drittes Mal sollte der Teig jedoch nicht ausgerollt werden, da die Muffins sonst zäh werden.

Die Muffins zugedeckt 45 Minuten gehenlassen.

Steht eine Backplatte zur Verfügung, diese bei mittlerer Temperatur erhitzen. Andernfalls eine schwere Pfanne – am besten mit einer Antihaftbeschichtung – nehmen und ebenfalls bei mittlerer Temperatur erhitzen. Ist die Backplatte oder Pfanne gut eingebraten, ist kein Öl erforderlich – andernfalls genügen wenige Tropfen. Die Muffins garen, bis die Unterseite schön gebräunt ist, dann wenden und die andere Seite bräunen. Die Garzeit liegt je nach Temperatur des Herdes zwischen 6 und 10 Minuten pro Seite.

Bagels

Bagels, die eine feste Krume haben, schmecken köstlich, wenn man sie durchschneidet, toastet und mit Butter oder Frischkäse reicht. Auch als Sandwiches sind sie sehr lecker. Als Variante kann man kleingeschnittene sautierte Zwiebeln oder Rosinen und Zimt zum Teig geben.

8 – 10 STÜCK	ZUTATEN	12 – 15 STÜCK
1	Ei	1
1/2 Becher	Milch	1 Becher
1 EL	Pflanzenöl	1 1/2 EL
2 TL	Zucker	1 EL
1/2 TL	Salz	3/4 TL
2 Becher	Weizenmehl	3 Becher
2 TL	Trockenhefe	1 EL
1 EL	Zucker	1 EL
1	Eiweiß	1
2 TL	Wasser	2 TL

Sesamsamen, Mohnsaat oder grobes Salz

ZUBEREITUNG

Die Zutaten – mit Ausnahme der letzten vier – in der vom Gerätehersteller empfohlenen Reihenfolge in den Teigbehälter geben. Das Teigprogramm für Weißbrot wählen und auf Start drücken.

Den fertigen Teig herausnehmen und kurz durchkneten. Für das kleinere Rezept in 8 bis 10 gleichgroße Stücke, für das größere in 12 bis 15 Stücke schneiden. Die einzelnen Teigstücke zwischen den Handflächen zu dünnen, etwa 20 cm langen Strängen mit spitz zulaufenden Enden rollen. Die Enden zusammennehmen, so daß sie sich ein wenig überdecken und Kringel entstehen. Die Enden mit feuchten Fingern zusammendrücken oder leicht kneten, damit sie fest zusammenhalten und später nicht auseinandergehen. Die Bagels locker abdecken und an einem warmen Platz 15 Minuten gehenlassen. Den Backofen auf 200 °C vorheizen. In der Zwischenzeit in einem Topf 2 Liter Wasser zum Kochen bringen. Dann 1 EL Zucker dazugeben. Wenn die Bagels 15 Minuten gegangen sind, jeweils ein oder zwei davon in das kochende Wasser geben. (Dabei sehr behutsam vorgehen, damit der Teig nicht zusammenfällt.) Sie steigen an die Wasseroberfläche und quellen auf. Die Bagels 1 Minute kochen, dann wenden und weitere 3 Minuten kochen.

Die Bagels herausheben, über dem Topf abtropfen lassen und auf ein ungefettetes Backblech legen. Eiweiß und Wasser verquirlen und die Bagels damit bestreichen. Mit Sesam, Mohn oder grobem Salz bestreuen. Dann 20 bis 25 Minuten backen, bis sie goldbraun sind.

Brote aus aller Welt

Schwedisches Limpa-Brot

Dieses köstliche, leicht süße Roggenbrot ist mit Orangenschale, Anis und Kümmel gewürzt. Es eignet sich gut für Sandwiches oder Kanapees, aber auch nur mit Butter bestrichen schmeckt es köstlich.

500 GRAMM	ZUTATEN	750 GRAMM
3/4 Becher	Wasser	1 1/4 Becher
1 EL	Pflanzenöl	1 1/2 EL
2 EL	Honig	3 EL
1 TL	Salz	1 1/2 TL
1/2 TL	Anissamen	3/4 TL
1/2 TL	Kümmel	3/4 TL
1 EL	Orangenschale	1 1/2 EL
1 1/2 Becher	Weizenmehl	2 1/4 Becher
3/4 Becher	Roggenmehl	1 1/4 Becher
1 1/2 TL	Trockenhefe	2 1/4 TL

ZUBEREITUNG

Die Zutaten in der vom Gerätehersteller empfohlenen Reihenfolge in den Teigbehälter des Brotbackautomaten geben. Das Programm für Vollkornbrot wählen (Bräunungsstufe: mittel) und auf Start drücken.

Pulla

Das süße finnische Brot Pulla ist mit Kardamom aromatisiert, einem Gewürz, das in der skandinavischen Küche häufig Verwendung findet.

500 GRAMM	ZUTATEN	750 GRAMM
1	Ei	1 + 1 Eigelb
1/2 Becher	Milch	3/4 Becher
2 EL	Butter	3 EL
3 EL	Zucker	4 1/2 EL
1/2 TL	Salz	3/4 TL
1 TL	Kardamom	1 1/2 TL
2 Becher	Weizenmehl	3 Becher
2 TL	Trockenhefe	1 EL

GLASUR

1 Eiweiß, mit 2 TL Wasser verquirlt
2 EL Mandelblättchen oder -stifte
1–2 EL Zucker

ZUBEREITUNG

Die Zutaten für den Teig in den Teigbehälter geben. Das Teigprogramm für Weißbrot oder süßes Brot wählen.
Den fertigen Teig herausnehmen und kurz durchkneten. In drei gleichgroße Portionen teilen und 5 Minuten ruhen lassen. Ein Backblech mit Butter einfetten. Die Teigstücke jeweils zu etwa 40 cm langen Strängen (500-g-Rezept) bzw. 50 cm langen Strängen (750-g-Rezept) rollen. Die Teigstränge zu einem Zopf flechten und die Enden nach unten klappen. Abdecken und an einem warmen Platz gehenlassen, bis sich das Teigvolumen verdoppelt hat.
Den Hefezopf mit der Eiweißglasur bestreichen. Mit Mandeln und anschließend mit Zucker bestreuen. Bei 190 °C im vorgeheizten Ofen etwa 35 Minuten goldbraun backen.

Verterkake

Der Name dieses kompakten, süßen Brotes aus Norwegen geht auf »Verterol« zurück, eine Zutat, die für ein alkoholfreies norwegisches Bier verwendet wird. Man kann für dieses Rezept alkoholhaltiges oder -freies Bier nehmen. Das Brot hat einen weichen Teig, der im Brotbackautomaten nicht gleichmäßig durchbackt, so daß man es besser auf konventionelle Weise im Ofen backt.

500 GRAMM	ZUTATEN	750 GRAMM
1/2 Becher	abgestandenes dunkles Bier	3/4 Becher
1/3 Becher	Milch	1/2 Becher
2 EL	Maissirup	3 EL
2 EL	Zucker	3 EL
1/4 TL	gemahlene Nelken	1/2 TL
1/4 TL	schwarzer Pfeffer	1/2 TL
1/2 TL	Salz	3/4 TL
1 1/4 Becher	Weizenmehl	1 3/4 Becher
1 Becher	Roggenmehl	1 1/2 Becher
1 1/2 TL	Trockenhefe	2 1/4 TL
2 EL	Rosinen	3 EL

ZUBEREITUNG

Die Zutaten – mit Ausnahme der Rosinen – in der vom Gerätehersteller empfohlenen Reihenfolge in den Teigbehälter des Brotbackautomaten geben. Das Teigprogramm für Vollkornbrot wählen und auf Start drücken. Die Rosinen nach dem ersten Knetvorgang zufügen.

Eine 20 bis 23 cm große Kastenform (500-g-Rezept) oder eine 23 bis 25 cm große Kastenform mit Öl einfetten.

Den fertigen Teig aus dem Behälter nehmen und kurz durchkneten. Zu einem Brot formen, in die Kastenform legen und darin wenden, damit der Teig rundum von Öl überzogen wird. Locker abdecken und an einem warmen Platz 45 Minuten bis 1 Stunde gehenlassen, bis sich das Teigvolumen verdoppelt hat.

Das Brot mit heißem Wasser bestreichen und die Oberfläche vorsichtig mit einem Zahnstocher einstechen. Bei 190 °C im vorgeheizten Backofen 35 bis 45 Minuten backen, bis die Kruste schön braun ist und es hohl klingt, wenn man mit dem Knöchel auf das Brot klopft.

Marokkanisches Brot

Dieses schwere, großporige Brot ist mit Anis gewürzt. Traditionell wird es zu »Tagine«, einem nordafrikanischen Schmorgericht, gegessen.

500 GRAMM	ZUTATEN	750 GRAMM
$^{3}/_{4}$ Becher	Wasser	$1^{1}/_{4}$ Becher
$^{1}/_{4}$ TL	Zucker	$^{1}/_{2}$ TL
$1^{1}/_{2}$ TL	Anissamen	$2^{1}/_{4}$ TL
1 TL	grobes Salz	$1^{1}/_{2}$ TL
$^{1}/_{2}$ Becher	Weizenvollkornmehl	$^{3}/_{4}$ Becher
$1^{1}/_{2}$ Becher	Weizenmehl	$2^{1}/_{4}$ Becher
2 TL	Trockenhefe	1 EL

ZUBEREITUNG

Die Zutaten in der vom Gerätehersteller empfohlenen Reihenfolge in den Teigbehälter des Brotbackautomaten geben. Das Teigprogramm für Vollkornbrot wählen und auf Start drücken.

Den fertigen Teig aus dem Behälter nehmen und kurz durchkneten. Zu einem runden Brotlaib formen und auf ein mit Maismehl bestreutes Backblech legen. An einem warmen Platz zugedeckt 1 bis $1^{1}/_{2}$ Stunden gehenlassen, bis sich das Teigvolumen verdoppelt hat.

Das Brot mit einer Gabel einstechen und bei 200 °C im vorgeheizten Backofen 12 Minuten backen. Dann die Backofentemperatur auf 150 °C herunterschalten und das Brot noch etwa 40 Minuten backen, bis es hohl klingt, wenn man mit dem Knöchel auf die Ober- und Unterseite klopft.

Bath Buns

Diese Kuchenbrötchen, die nach der südenglischen Stadt Bath benannt sind, werden aus einem süßen Hefeteig mit Ei zubereitet.

8 STÜCK	ZUTATEN	12 STÜCK
1	Ei	1 + 1 Eigelb
$^{1}/_{2}$ Becher	Milch	$^{3}/_{4}$ Becher
$^{1}/_{4}$ Becher	Butter	6 EL
$^{1}/_{4}$ Becher	Zucker	6 EL
$^{1}/_{4}$ TL	gemahlener Ingwer	$^{1}/_{2}$ TL
$^{1}/_{4}$ TL	Muskatblüte	$^{1}/_{2}$ TL
$^{1}/_{2}$ TL	Salz	$^{3}/_{4}$ TL
2 Becher	Weizenmehl	3 Becher
2 TL	Trockenhefe	1 EL
$^{1}/_{3}$ Becher	Korinthen (oder Rosinen)	$^{1}/_{2}$ Becher

GLASUR

1 Ei, mit 1 EL Milch verquirlt

1–2 EL Zucker

ZUBEREITUNG

Die Zutaten für den Teig – mit Ausnahme der Korinthen – in der vom Gerätehersteller empfohlenen Reihenfolge in den Teigbehälter des Brotbackautomaten geben. Das Teigprogramm für Weißbrot oder süßes Brot wählen und auf Start drücken. Die Korinthen nach dem ersten Knetvorgang zufügen.

Ein Backblech mit Butter einfetten. Den fertigen Teig aus dem Behälter nehmen und kurz durchkneten. In 8 Stücke bzw. in 12 Stücke schneiden. Jedes Teigstück zu einer Kugel rollen, auf das Backblech legen und etwas flachdrücken. Die Brötchen locker abdecken und an einem warmen Platz etwa 45 Minuten gehenlassen, bis sich das Teigvolumen verdoppelt hat.

Den Backofen auf 200 °C vorheizen. Die Brötchen dünn mit der Glasur bestreichen und mit Zucker bestreuen. Dann 15 bis 20 Minuten backen, bis sie goldbraun sind.

RECHTS Bath Buns

Süsses portugiesisches Brot

Der Hefeteig für dieses lockere, süße Brot wird mit Ei zubereitet und mit Vanille, Zitronenschale und Muskatnuß gewürzt. Früher aß man es in Portugal nur zu Ostern, doch heute ist es das ganze Jahr hindurch zum Frühstück beliebt.

500 GRAMM	ZUTATEN	750 GRAMM
2	Eier	3
1/3 Becher	Milch	1/2 Becher
2 EL	Butter	3 EL
3 EL	Zucker	4 1/2 EL
1/2 TL	Salz	3/4 TL
5 Tropfen	Vanillearoma	7 Tropfen
2 TL	abgeriebene Zitronenschale	1 EL
1/2 TL	geriebene Muskatnuß	3/4 TL
2 Becher	Weizenmehl	3 Becher
1 1/2 TL	Trockenhefe	2 1/4 TL

ZUBEREITUNG

Die Zutaten in der vom Gerätehersteller empfohlenen Reihenfolge in den Teigbehälter des Brotbackautomaten geben. Das Programm für Weißbrot oder das Süßbackprogramm wählen (Bräunungsstufe: hell) und auf Start drücken.

Foccacio

Servieren Sie dieses herzhafte italienische Fladenbrot als Vorspeise oder anstelle von Knoblauchbrot zu einem Hauptgericht und reichen Sie dazu Olivenöl bester Qualität zum Dippen. Warm schmeckt das Brot am besten.

500 GRAMM	ZUTATEN	750 GRAMM
2/3 Becher	Wasser	1 Becher
2 EL	Olivenöl	3 EL
1 TL	Salz	1 1/2 TL
2 Becher	Weizenmehl	3 Becher
1 1/4 TL	Trockenhefe	2 TL
1 oder 2	zerdrückte Knoblauchzehen	2 oder 3
1 TL	getrockneter Rosmarin	1 1/2 TL
1 TL	grobes Salz	1 1/2 TL
2 EL	Olivenöl	3 EL
2 TL	frisch geriebener Parmesan	1 EL

ZUBEREITUNG

Die ersten fünf Zutaten in der vom Gerätehersteller empfohlenen Reihenfolge in den Teigbehälter des Brotbackautomaten geben. Das Teigprogramm für Weißbrot wählen und auf Start drücken.

Den Backofen auf 200 °C vorheizen. Ein Backblech leicht mit Maismehl bestäuben.

Den fertigen Teig aus dem Behälter nehmen, kurz durchkneten und etwa 5 Minuten ruhen lassen. Dann auf der leicht bemehlten Arbeitsfläche zu einem runden, gut 1 cm dicken Teigfladen ausrollen. Auf das Backblech legen. Knoblauch, Rosmarin und grobes Salz darüberstreuen und leicht in den Teig drücken. Mit den Fingerspitzen flache Vertiefungen in das Brot drücken. Das restliche Olivenöl darüberträufeln, so daß es sich in den Vertiefungen sammelt. Mit Parmesan bestreuen.

Das Brot etwa 20 Minuten backen, bis es leicht gebräunt ist.

Bolillos

Diese großen und knusprigen Brötchen aus Mexiko schmecken ausgezeichnet als Beilage zu warmen Mahlzeiten.

6 STÜCK	ZUTATEN	9 STÜCK
$^2/_3$ Becher	Wasser	1 Becher
1 TL	Zucker	$1^1/_2$ TL
1 TL	Salz	$1^1/_2$ TL
2 Becher	Weizenmehl	3 Becher
$1^1/_2$ TL	Trockenhefe	$2^1/_4$ TL

GLASUR

1 Ei

1 EL Wasser

ZUBEREITUNG

Die Zutaten für den Teig in der vom Gerätehersteller empfohlenen Reihenfolge in den Teigbehälter des Brotbackautomaten geben. Das Teigprogramm für Weißbrot wählen und auf Start drücken.

Ein Backblech dünn mit Öl einfetten.

Den fertigen Teig aus dem Behälter nehmen und kurz durchkneten. Für das kleinere Rezept in 6 gleichgroße Stücke schneiden, für das größere Rezept in 9 Stücke.

Die Teigstücke jeweils zu einer Kugel rollen, etwas flachdrücken und zu einem Oval langziehen. Dann die langen Seiten des Ovals zur Mitte falten und die Teiglinge so rollen und langziehen, daß sie in der Mitte dick sind und die Enden wie bei einer Spindel spitz zulaufen. Die Brötchen mit der Nahtseite nach unten auf das Backblech legen. Locker abgedeckt für etwa 1 Stunde an einem warmen Platz gehenlassen, bis sich das Teigvolumen verdoppelt hat.

Den Backofen auf 200 °C vorheizen. Die Brötchen dünn mit der Ei-Wasser-Glasur bestreichen und jedes mit einem scharfen Messer oder einer Rasierklinge zweimal schräg einschneiden. 15 bis 20 Minuten backen, bis sie goldbraun und knusprig sind.

Pitta-Brot

Diese Fladenbrote gehen stark auf, wenn sie bei hoher Temperatur gebacken werden. Man schneidet sie am Rand auf, so daß Brottaschen für Füllungen entstehen.

6 STÜCK	ZUTATEN	9 STÜCK
3/4 Becher	Wasser	1 1/4 Becher
1 EL	Olivenöl	1 1/2 EL
1 TL	Zucker	1 1/2 TL
1 TL	Salz	1 1/2 TL
1 1/3 Becher	Weizenmehl	2 Becher
2/3 Becher	Weizenvollkornmehl	1 Becher
1 1/2 TL	Trockenhefe	2 1/4 TL

ZUBEREITUNG

Die Zutaten in der vom Gerätehersteller empfohlenen Reihenfolge in den Teigbehälter des Brotbackautomaten geben. Das Teigprogramm für Vollkornbrot wählen und auf Start drücken.

Den fertigen Teig kurz durchkneten. Für das kleinere Rezept in 6 gleichgroße Stücke schneiden, für das größere Rezept in 9 Stücke. Die Teigstücke zwischen den Handflächen zu Kugeln rollen und etwas flachdrücken. Dann etwa 10 Minuten ruhen lassen, damit sich der Teig besser ausrollen läßt und sich nicht wieder zusammenzieht. Auf der leicht bemehlten Arbeitsfläche zu runden Fladen von etwa 15 cm Durchmesser ausrollen. Zum Ausrollen nur sehr wenig Mehl verwenden, da zu viel Mehl die Flüssigkeit bindet, die Dampf erzeugt und den Teig aufgehen läßt. Die Teigfladen mit Klarsichtfolie oder einem angefeuchteten Tuch abdecken und etwa 30 Minuten gehenlassen, bis sie stark aufgegangen sind.

Den Backofen auf 240 °C vorheizen. Ein Backblech leicht mit Maismehl bestäuben. Die aufgegangenen Teigfladen behutsam auf das Backblech legen. 5 bis 6 Minuten backen, bis der Teig leicht gebräunt ist und sich Blasen gebildet haben. Die Pitta-Brote dann wenden und noch etwa 2 Minuten backen, bis die zweite Seite leicht gebräunt ist.

Brioche

Dieses butterreiche Brot unterscheidet sich zwar ein wenig von den klassischen französischen Brioches, die in speziellen Formen gebacken werden, es schmeckt aber ebenso köstlich. Servieren Sie es einfach mit Butter.

500 GRAMM	ZUTATEN	750 GRAMM
4 EL	Wasser	6 EL
2	Eier	3
1/3 Becher	Butter	1/2 Becher
1 EL	Zucker	1 1/2 EL
1/2 TL	Salz	3/4 TL
2 Becher	Weizenmehl	3 Becher
1 1/2 TL	Trockenhefe	2 1/4 TL

ZUBEREITUNG

Die Zutaten in der vom Gerätehersteller empfohlenen Reihenfolge in den Teigbehälter des Brotbackautomaten geben. Wichtig ist, daß die Butter Raumtemperatur hat. Das Programm für Weißbrot (Bräunungsstufe: mittel) wählen und auf Start drücken.

Pistolet

Pistolets sind Milchbrötchen, die man in Frankreich und Belgien ißt. Traditionell läßt man den Teig dreimal gehen, wobei die erste Gehphase mehrere Stunden dauert, damit sich ein ausgeprägtes Hefearoma entwickelt. Der Teig wird zu pflaumengroßen Kugeln geformt und anschließend in der Mitte mit dem Stiel eines Holzlöffels eingedrückt.

15 STÜCK	ZUTATEN	22 STÜCK
$^{3}/_{4}$ Becher	Wasser	$1^{1}/_{4}$ Becher
3 EL	Milchpulver	$4^{1}/_{2}$ EL
2 EL	Butter	3 EL
1 EL	Zucker	$1^{1}/_{2}$ EL
1 TL	Salz	$1^{1}/_{2}$ TL
2 Becher	Weizenmehl	3 Becher
$1^{1}/_{2}$ TL	Trockenhefe	$2^{1}/_{4}$ TL
$^{1}/_{4}$ Becher	Roggenmehl	$^{1}/_{3}$ Becher

ZUBEREITUNG

Die Zutaten – mit Ausnahme des Roggenmehls – in der vom Gerätehersteller empfohlenen Reihenfolge in den Teigbehälter des Brotbackautomaten geben. Das Teigprogramm für Weißbrot wählen und auf Start drücken.
Wenn das Gerät den Teig nach der ersten Gehphase nicht durchschlägt oder wenn das Programm unterbrochen werden kann, den Teigbehälter zu diesem Zeitpunkt herausnehmen. Locker abdecken und den Teig an einem warmen Platz weitere zwei Stunden gehenlassen, so daß sich sein Volumen verdreifacht und sich ein ausgeprägter Hefegeschmack entwickelt. Den Teig kurz durchkneten und weitere 45 Minuten gehenlassen.
Ein Backblech mit Butter einfetten.

Den Teig erneut kurz durchkneten. Für das kleinere Rezept in 15 gleichgroße Stücke schneiden, für das größere Rezept in 22 Stücke. Jede Teigportion zu einer Kugel rollen und die Oberseite mit Roggenmehl bestäuben. Den Stiel eines Holzkochlöffels mit Öl einfetten und jede Teigkugel damit fast durchtrennen. Die beiden Brötchenhälften sollen durch einen schmalen Teigstreifen miteinander verbunden bleiben. Die Brötchen dann so in den Händen halten, daß an den Enden jeweils der Daumen in der Vertiefung liegt. Die Brötchen behutsam in die Länge ziehen, so daß die Hälften wieder ein wenig zusammengedrückt werden.
Traditionell werden die Brötchen zunächst mit der Oberseite (Nahtseite) nach unten auf das Backblech gelegt, nach dem Gehen umgedreht und gebacken. Da dies einiges Geschick erfordert, wenn die Brötchen ihre Form nicht verlieren sollen, kann man sie auch mit der Nahtseite nach oben gehenlassen. Dazu werden sie locker abgedeckt und für 30 Minuten an einen warmen Platz gestellt.
Den Backofen auf 220 °C vorheizen. Kochendes Wasser in eine flache ofenfeste Form gießen und auf der untersten Einschubleiste mit in den Backofen stellen. Der Wasserdampf gibt den Brötchen eine schöne Kruste. Die Brötchen 15 bis 20 Minuten backen, bis sie goldbraun und knusprig sind.

Armenisches Fladenbrot

Dieses flache Brot ist knuspriger als Pitta-Brot, aber weicher als Cracker. Es wird in Stücke gebrochen und nicht geschnitten. Man ißt es pur oder mit Butter bestrichen.

4 Stück	Zutaten	6 Stück
3/4 Becher	Wasser	1 1/4 Becher
3 EL	Butter	4 1/2 EL
1 TL	Salz	1 1/2 TL
2 Becher	Weizenmehl	3 Becher
1 1/2 TL	Trockenhefe	2 1/4 TL
1	Ei	1
2 EL	Wasser	3 EL
1–2 TL	Sesamsamen oder Mohnsaat	2–3 TL

Zubereitung

Wasser, Butter, Salz, Mehl und Hefe in der vom Gerätehersteller empfohlenen Reihenfolge in den Teigbehälter des Brotbackautomaten geben. Das Teigprogramm für Weißbrot wählen und auf Start drücken.

Den fertigen Teig herausnehmen und kurz durchkneten. Für das kleinere Rezept in 4 gleichgroße Stücke schneiden, für das größere Rezept in 6 Stücke. Jede Teigportion zwischen den Handflächen zu einer Kugel rollen und etwas flachdrücken. Etwa 10 Minuten ruhen lassen, damit sich der Teig besser ausrollen läßt und sich nicht wieder zusammenzieht.

Den Backofen auf 200 °C vorheizen. Zum Bestreichen der Brote das Ei leicht mit dem Wasser verquirlen.

Eines der Teigstücke auf der leicht bemehlten Arbeitsfläche hauchdünn ausrollen. Auf ein gefettetes Backblech legen. Rasch mit Ei bestreichen und mit Sesam oder Mohn bestreuen. Dann sofort in den Backofen schieben und 8 bis 12 Minuten backen, bis das Fladenbrot aufgegangen und leicht gebräunt ist. Mit den restlichen Teigstücken ebenso verfahren.

Sauerteigbrote

Sauerteig

Wenn Brotteig wilde Hefen aus der Luft aufnimmt und zu gären beginnt, entsteht Sauerteig. Früher war Sauerteig das einzige Triebmittel, das Brotbäcker kannten, und man mußte viel Mühe darauf verwenden, den säuerlichen Geschmack zu überdecken. In den USA des kalifornischen Goldfiebers von 1849 erfreute sich der Sauerteig bei den Goldgräbern großer Beliebtheit. In der Mitte des 20. Jahrhunderts erfuhr er erneute Popularität. Heute wird Sauerteig in Amerika nicht nur für Brote und Brötchen verwendet, sondern auch für andere Backwaren wie Waffeln oder englische Muffins. Sauerteig läßt sich problemlos selbst herstellen. Es dauert zwar einige Tage, bis der Teigansatz für das erste Brot zu gären beginnt und seinen typischen Geschmack entwickelt, doch kann man ihn anschließend immer wieder auffüllen und für weitere Brote verwenden.

ZUTATEN

1 Becher fettarme Milch, aufgekocht
1 Becher heißes Wasser
1 EL Zucker
2 1/4 TL Trockenhefe
2 1/2 Becher Weizenmehl

ZUBEREITUNG

Milch, Wasser und Zucker verrühren. Wenn sich die Flüssigkeit auf 38 °C bis 40 °C abgekühlt hat, die Hefe zufügen. Das Ganze 5 bis 10 Minuten stehen lassen, bis die Hefe gärt und sich eine Schaumkrone gebildet hat. Dann das Mehl zugeben und gut unterrühren.

Die Schüssel an einen warmen Platz (27 °C bis 38 °C) stellen und locker abdecken, damit Luft zirkulieren und der Teigansatz Hefen aus der Luft aufnehmen kann. Innerhalb von 24 Stunden sollten sich Blasen zeigen, und der Teigansatz sollte einen leicht säuerlichen Geruch aufweisen. Den Sauerteigansatz ein- bis zweimal am Tag durchrühren. Er kann sich in einen dicken, quarkähnlichen Bodensatz und eine darüberstehende graue, wäßrige Flüssigkeit trennen. Dies ist normal, solange er sich nicht grün oder rosa färbt. (Tritt dies ein, den Sauerteigansatz wegwerfen und von vorne beginnen.) Der Sauerteig ist fertig, wenn er einen angenehm sauren Geruch aufweist, was im allgemeinen drei bis fünf Tage dauert.

Um Sauerteigbrot zu backen, mindestens sechs Stunden zuvor einen Vorteig ansetzen. Dazu etwas Sauerteig mit der im Rezept angegebenen Menge Mehl und Flüssigkeit verrühren. Den verbliebenen Sauerteig mit der gleichen Menge an Mehl und Wasser auffüllen, wie abgenommen wurde. Wenn also beispielsweise für ein Rezept 1/2 Becher Sauerteig erforderlich ist, den verbliebenen Sauerteig mit 1/2 Becher Wasser und 1/2 Becher Mehl auffüllen. Vorteig und aufgefüllten Sauerteig locker abdecken und für mindestens sechs Stunden an einen warmen Platz stellen, damit die Gärung einsetzt und sich Blasen bilden.

Backt man fast täglich Sauerteigbrot, kann der nach jeder Verwendung aufgefüllte Sauerteig an einem warmen Platz in der Küche stehen bleiben. Braucht man ihn nur von Zeit zu Zeit, läßt man ihn nach dem Auffüllen 6 bis 24 Stunden stehen und stellt ihn anschließend in einem fest verschlossenen Gefäß in den Kühlschrank. Wird nicht wenigstens einmal pro Woche gebacken, den Sauerteig alle ein bis zwei Wochen auffüllen. Dazu 1 Becher Sauerteig abnehmen und den Rest wegwerfen. 1 Becher Wasser und 1 Becher Mehl zugeben und den Sauerteig wieder in den Kühlschrank stellen.

Walnuss-Roggenbrot mit Sauerteig

Dieses Brot eignet sich gut für Sandwiches mit Bratenfleisch, Schinken oder Käse. Hat man kein Walnußöl im Haus, kann es durch Pflanzenöl ersetzt werden. Da das Brot Sauerteig enthält, am Abend vor dem Backen einen Vorteig ansetzen.

500 Gramm	Zutaten	750 Gramm
1/2 Becher	Sauerteig	3/4 Becher
7 EL	Wasser	2/3 Becher
1 EL	Walnuß- oder Pflanzenöl	1 1/2 EL
1 EL	Zucker	1 1/2 EL
1 TL	Salz	1 1/2 TL
2 EL	Maismehl	3 EL
1 Becher	Roggenmehl	1 1/2 Becher
1 Becher	Weizenmehl	1 1/2 Becher
2 TL	Trockenhefe	1 EL
1/3 Becher	gehackte Walnüsse	1/2 Becher

Zubereitung

Für den Vorteig den Sauerteig mit 1/4 Becher Wasser und 1/2 Becher Roggenmehl verrühren. Locker abdecken und über Nacht an einen warmen Platz stellen.

Den Vorteig und alle übrigen Zutaten – mit Ausnahme der Walnüsse – in der vom Gerätehersteller empfohlenen Reihenfolge in den Teigbehälter des Brotbackautomaten geben. Das Programm für Vollkornbrot (Bräunungsstufe: mittel) wählen und auf Start drücken. Die Walnüsse nach dem ersten Knetvorgang oder im Anschluß an die Signaltöne zugeben.

Roggenbrot mit Sauerteig

Dieses Roggenbrot, das sich ausgezeichnet für Sandwiches eignet, läßt sich auch gut auf konventionelle Weise im Ofen backen.

500 GRAMM	ZUTATEN	750 GRAMM
1/4 Becher	Sauerteig	6 EL
2/3 Becher	Wasser	1 Becher
3/4 Becher	Roggenmehl	1 1/4 Becher
2 TL	Kümmel	1 EL
1 EL	Pflanzenöl	1 1/2 EL
1 EL	Zucker	1 1/2 EL
1 TL	Salz	1 1/2 TL
1 2/3 Becher	Weizenmehl	2 Becher
2 TL	Trockenhefe	1 EL

ZUBEREITUNG

Am Abend bevor das Brot gebacken werden soll, einen Vorteig aus dem Sauerteig, 1/3 Becher Wasser (1/2 Becher für das 750-g-Rezept), Roggenmehl und 1 TL Kümmel ansetzen. Locker abdecken und für mindestens 8 Stunden an einen warmen Platz stellen.

Den Vorteig und die übrigen Zutaten in der vom Gerätehersteller empfohlenen Reihenfolge in den Teigbehälter des Brotbackautomaten geben. Das Programm für Vollkornbrot (Bräunungsstufe: mittel) wählen und auf Start drücken.

Um das Brot auf konventionelle Weise im Ofen zu backen, das Teigprogramm des Brotbackautomaten wählen. Den fertigen Teig herausnehmen, kurz durchkneten und zu einem länglichen oder runden Brotlaib formen. Das Brot auf ein mit Maismehl bestäubtes Backblech legen. Locker abdecken und etwa 1 Stunde an einem warmen Platz gehenlassen, bis sich das Teigvolumen verdoppelt hat.

Wenn das Brot aufgegangen ist, 1 Ei und 1 EL Wasser leicht verquirlen. Das Brot dünn damit bestreichen; dies muß sehr behutsam erfolgen, damit der Teig nicht wieder zusammenfällt. Im vorgeheizten Backofen bei 180 °C backen, bis das Brot eine schöne Kruste hat und hohl klingt, wenn man mit dem Knöchel auf die Ober- und Unterseite klopft.

Weizenvollkornbrot mit Sauerteig

Dieses schwere, aromatische Brot geht nicht sehr stark auf.

500 GRAMM	ZUTATEN	750 GRAMM
1/3 Becher	Sauerteig	1/2 Becher
1/3 Becher	Wasser	1/2 Becher
1/4 Becher	Weizenschrot	6 EL
2 EL	Butter	3 EL
1 EL	Honig	1 1/2 EL
2 EL	Milchpulver	3 EL
1 TL	Salz	1 1/2 TL
1 Becher	Weizenmehl	1 1/2 Becher
1 Becher	Weizenvollkornmehl	1 1/2 Becher
1 1/2 TL	Trockenhefe	2 1/4 TL

ZUBEREITUNG

Am Abend, bevor das Brot gebacken werden soll, einen Vorteig aus dem Sauerteig, 1/2 Becher Weizenmehl und etwa 2 EL Wasser anrühren. Locker abdecken und für mindestens 6 Stunden an einen warmen Platz stellen.

Etwa 20 Minuten bevor mit der Zubereitung des Brotes begonnen wird, das Weizenschrot in einem kleinen Topf mit Wasser bedecken. Zum Kochen bringen und 6 Minuten kochen lassen. Das Weizenschrot gründlich abtropfen und wenigstens 10 Minuten abkühlen lassen.

Den Vorteig durchrühren und mit dem restlichen Wasser in den Teigbehälter des Brotbackautomaten geben. Das abgekühlte Weizenschrot und die übrigen Zutaten in der vom Gerätehersteller empfohlenen Reihenfolge zufügen. Das Programm für Vollkornbrot (Bräunungsstufe: mittel) wählen und auf Start drücken.

RECHTS Weizenvollkornbrot mit Sauerteig

Französisches Sauerteigbrot

Im Gegensatz zu den anderen Sauerteigrezepten in diesem Buch ist der Sauerteig bei diesem Brot eine Hauptzutat und nicht nur eine Zugabe zur geschmacklichen Abrundung. Der Geschmack richtet sich nach der Art des verwendeten Sauerteigs und den wilden Hefen, die sich bei Ihnen in der Luft befinden. Da der Vorteig wenigstens acht Stunden stehen muß und Flüssigkeit aus der Luft aufnimmt, kann die benötigte Wassermenge leicht variieren.

500 GRAMM	ZUTATEN	750 GRAMM
2/3 Becher	Sauerteig	1 Becher
4 EL	Wasser	6 EL
2 TL	Zucker	1 EL
1 TL	Salz	1 1/2 TL
1 3/4 Becher	Weizenmehl	2 1/3 Becher
2 TL	Trockenhefe	1 EL
1 TL	Maisstärke	1 1/2 TL
2 EL	Wasser	3 EL

ZUBEREITUNG

Am Abend, bevor das Brot gebacken werden soll, einen Vorteig aus dem Sauerteig, 3/4 Becher Weizenmehl und 2 EL Wasser ansetzen. Locker abdecken und für mindestens 8 Stunden an einen warmen Platz stellen.

Vorteig, 2 EL Wasser, Zucker, Salz, restliches Mehl und Hefe in der vom Gerätehersteller empfohlenen Reihenfolge in den Teigbehälter des Brotbackautomaten geben. Das Teigprogramm für Weißbrot wählen und auf Start drücken. Den fertigen Teig aus dem Behälter nehmen und kurz durchkneten. Aus dem Teig ein dickes, längliches Brot, ein rundes Brot oder ein Stangenbrot (500-g-Rezept) oder zwei Stangenbrote (750-g-Rezept) formen. Auf ein mit Maismehl bestreutes Backblech legen. Das Brot mit einem scharfen Messer mehrmals schräg einschneiden. Locker abdecken und zum Gehen an einen warmen Platz stellen. Da der Teig nur langsam geht, muß er eine Stunde oder länger stehen. Den Backofen auf 200 °C vorheizen. Wenn das Brot ausreichend gegangen ist, die Maisstärke mit 2 bzw. 3 Eßlöffeln Wasser anrühren und das Brot dünn damit bestreichen. Soll das Brot schön knusprig werden, auf der untersten Einschubleiste ein ofenfestes Gefäß mit kochendem Wasser mit in den Ofen stellen oder während des Backens mehrmals Wasser mit einer Sprühflasche in den Ofen sprühen. Das Brot 35 bis 40 Minuten backen, bis es eine schöne braune Kruste hat und hohl klingt, wenn man mit dem Knöchel auf die Ober- und Unterseite klopft.

Kuchen, süsse Brötchen und Krapfen

Zimtschnecken mit Zuckersirup

Diese süßen Hefeschnecken können vorbereitet und über Nacht in den Kühlschrank gestellt werden. Am Morgen läßt man sie vor dem Backen ein zweites Mal gehen.

15 STÜCK	ZUTATEN	22 STÜCK
	TEIG	
1/2 Becher	Milch	7/8 Becher
1	Ei	1
3 EL	Butter	4 1/2 EL
1/4 Becher	Zucker	6 EL
1/2 TL	Salz	3/4 TL
2 Becher	Weizenmehl	3 Becher
2 TL	Trockenhefe	1 EL
	FÜLLUNG	
1/3 Becher	brauner Zucker	1/2 Becher
1 TL	Zimt	1 1/2 TL
2 EL	sehr weiche Butter	3 EL
	SIRUP	
3 EL	Butter	4 1/2 EL
1/2 Becher	brauner Zucker	3/4 Becher
2 EL	Wasser	3 EL
30	Pekannußhälften	44

ZUBEREITUNG

Die Zutaten für den Teig in der vom Gerätehersteller empfohlenen Reihenfolge in den Teigbehälter des Brotbackautomaten geben. Das Teigprogramm für Weißbrot wählen und auf Start drücken.

Den fertigen Teig herausnehmen. Kurz durchkneten und dann 5 Minuten ruhen lassen, damit er sich besser ausrollen läßt. In der Zwischenzeit den braunen Zucker und den Zimt für die Füllung vermischen. Den Teig für das kleinere Rezept zu einem Rechteck von 18 bis 20 cm Breite und etwa 40 cm Länge ausrollen. Den Teig für das größere Rezept in zwei gleiche Portionen teilen und jede Hälfte zu einem Rechteck von 18 bis 20 cm Breite und 28 bis 30 cm Länge ausrollen. Die weiche Butter auf den Teig streichen und dann bis zu den Rändern dick mit Zucker und Zimt bestreuen. Den Teig zu einer bzw. zwei langen Rollen aufwickeln. Dann quer in 15 Scheiben (kleineres Rezept) oder 22 Scheiben (größeres Rezept) schneiden.

Die Hefeschnecken können zu mehreren in einer größeren Backform oder in einzelnen Muffin-Förmchen gebacken werden. In Muffin-Förmchen werden die Schnecken gleichmäßiger und knuspriger. Nimmt man eine normale Backform, werden sie weicher. Eine 20 cm große quadratische Backform hat genau die richtige Größe für neun Schnekken; in eine 22,5 x 32,5 cm große Form passen 15 Schnekken.

Für den Sirup Butter, braunen Zucker und Wasser in einem kleinen Topf erhitzen, bis die Butter geschmolzen ist und sich der Zucker aufgelöst hat. Den Zuckersirup gut durchrühren und dann in die Backform oder die einzelnen Muffin-Förmchen gießen. In jedes Muffin-Förmchen oder – bei Verwendung einer großen Backform – auf jede Hefeschnecke zwei Pekannußhälften legen. Die Schnecken in die Muffin-Förmchen oder verkehrt herum (mit den Pekannüssen nach unten) in die Backform legen. Locker abdecken und an einem warmen Platz 45 Minuten bis 1 Stunde gehenlassen, bis sich das Teigvolumen verdoppelt hat.

Die Schnecken bei 180 °C im vorgeheizten Ofen goldbraun backen – 17 bis 22 Minuten in einer Muffin-Form, 20 bis 25 Minuten in einer normalen Backform. Die Schnecken anschließend sofort aus der Form nehmen, da der Sirup sonst hart wird. Das Gebäck dazu auf eine große Platte oder ein Backblech stürzen, damit überschüssiger Zuckersirup ablaufen kann. Die Schnecken vor dem Verzehr etwas abkühlen lassen, damit man sich den Mund nicht am heißen Zuckersirup verbrennt.

Gugelhupf

Das Rezept für diesen Kuchen, der vor allem in Süddeutschland und Österreich sehr beliebt ist, gelangte angeblich durch Marie Antoinette auch nach Frankreich. Da der süße Hefeteig mit Rosinen im Brotbackautomaten nicht gleichmäßig durchbackt, muß der Kuchen im Ofen gebacken werden. Wer keine spezielle Gugelhupfform besitzt, kann auch eine gewöhnliche Kranzform nehmen.

500 GRAMM	ZUTATEN	750 GRAMM
2 + 1 Eigelb	Eier	4
3 EL	Milch	1/3 Becher
1/3 Becher	Butter	1/2 Becher
3 1/2 EL	Zucker	1/3 Becher
2–3 Tropfen	Vanillearoma	5 Tropfen
2 TL	abgeriebene Zitronenschale	1 EL
1/2 TL	Salz	1 TL
2 Becher	Weizenmehl	3 Becher
2 TL	Trockenhefe	1 EL
1/4 Becher	Rosinen	3/4 Becher
1/3 Becher	Mandelstifte	1/2 Becher

Puderzucker

ZUBEREITUNG

Die Zutaten – mit Ausnahme der Rosinen, der Mandeln und des Puderzuckers – in der vom Gerätehersteller empfohlenen Reihenfolge in den Teigbehälter des Brotbackautomaten geben. Das Teigprogramm für Weißbrot wählen und auf Start drücken. Rosinen und Mandeln im Anschluß an die Signaltöne oder nach dem ersten Knetvorgang zugeben.

Den fertigen Teig herausnehmen. Kurz durchkneten und 5 Minuten ruhen lassen. Eine Kranzform mit 1,5 l Fassungsvermögen (500-g-Rezept) bzw. 2,25 l Fassungsvermögen (750-g-Rezept) mit Butter einfetten. Den Teig in die Form geben und gleichmäßig verteilen. Locker abdecken und an einem warmen Platz 45 Minuten bis 1 Stunde gehenlassen. Den Gugelhupf bei 180 °C im vorgeheizten Backofen 35 bis 40 Minuten backen, bis an einem hineingestochenen Holzspießchen kein Teig mehr haften bleibt. 10 Minuten abkühlen lassen, dann auf ein Kuchengitter stürzen und mit Puderzucker bestäuben.

Amerikanisches Monkey Bread

Dieses Gebäck wird in den USA gerne zum Frühstück gegessen. Aus dem süßen Hefeteig mit Orangenschale werden kleine Bällchen geformt, die man in mit Orangenlikör aromatisierte zerlassene Butter sowie in Zimt und Zucker taucht und dann in eine Backform schichtet. Da das Gebäck warm am besten schmeckt, sollten Sie die Zubereitung so planen, daß das »Monkey Bread« 10 bis 15 Minuten vor dem Servieren aus dem Ofen kommt.

500 GRAMM	ZUTATEN	750 GRAMM
2/3 Becher	Milch	1 Becher
2 EL	Butter	3 EL
2 EL	Zucker	3 EL
1/2 TL	Salz	3/4 TL
2 TL	abgeriebene Orangenschale	1 EL
2 Becher	Weizenmehl	3 Becher
1 1/2 TL	Trockenhefe	2 1/4 TL
3 EL	zerlassene Butter	4 1/2 EL
2 EL	Orangenlikör oder Orangensaft	3 EL
1 Becher	Zucker	1 1/2 Becher
1 TL	Zimt	1 1/2 TL

ZUBEREITUNG

Die ersten sieben Zutaten in der vom Gerätehersteller empfohlenen Reihenfolge in den Teigbehälter des Brotbackautomaten geben. Das Teigprogramm für Weißbrot wählen und auf Start drücken.

Eine Backform dünn einfetten. Einige Minuten bevor der Teig fertig ist, die Butter zerlassen und in einer Schüssel mit dem Orangenlikör oder Orangensaft verrühren. In einer zweiten Schüssel Zucker und Zimt mischen. Etwa die Hälfte der Zuckermischung in eine dritte Schüssel geben, da beim Eintauchen der fettigen Teigkugeln immer etwas Butter in den Zucker tropft. Füllt man dann etwas von der zweiten Portion Zucker nach, lassen sich die Teigkugeln besser überziehen.

Den fertigen Teig aus dem Behälter nehmen und kurz durchkneten. Zu einer dicken Rolle formen und in 20 bis 24 Stücke (500-g-Rezept) bzw. 30 bis 36 Stücke (750-g-Rezept) schneiden. Die Teigstücke zu Kugeln rollen. Jedes Bällchen zunächst in der Buttermischung, dann in der Zuckermischung wenden und in die Backform schichten. Tip: Die Bällchen in der ersten Lage sollten dicht nebeneinander liegen, sich aber nicht berühren, damit der Teig Platz zum Aufgehen hat. Die Kugeln in den folgenden Lagen so anordnen, daß sie die Zwischenräume der unteren Lage bedecken. Das vorbereitete Gebäck kann über Nacht in den Kühlschrank gestellt werden, wo es langsam geht. Zum Backen aus dem Kühlschrank nehmen und stehen lassen, bis der Teig Raumtemperatur angenommen hat und ausreichend aufgegangen ist. Traditionell wird »Monkey Bread« in einer Kranzform gebacken – mit 25 cm Durchmesser für das größere Rezept und 17,5 bis 20 cm Durchmesser für das kleinere Rezept. Man kann auch eine runde Auflaufform verwenden, deren Durchmesser ungefähr 2,5 cm kleiner als der der Kranzform ist.

Restliche Butter- und Zuckermischung auf den Teigbällchen in der Backform verteilen. Locker abdecken und für 30 bis 40 Minuten an einen warmen Platz stellen, bis sich das Teigvolumen verdoppelt hat. Dann bei 180 °C im vorgeheizten Backofen etwa 25 bis 30 Minuten backen, bis das Gebäck leicht gebräunt ist und an einem hineingestochenen Holzspießchen kein Teig mehr haften bleibt. Das Gebäck vorsichtig auf eine Servierplatte stürzen. (Überschüssigen Sirup zuvor abgießen oder auf die Platte laufen lassen.) Die Backform entfernen. Etwas abkühlen lassen und servieren.

Wickelbrot mit Zimt und Rosinen

Dieses einfache Frühstücksbrot fast ohne Butter schmeckt wie Zimtbrötchen und ist warm am besten. Das Wickelbrot läßt sich schon am Abend vorbereiten und kann über Nacht im Kühlschrank gehen.

500 GRAMM	ZUTATEN	750 GRAMM
3/4 Becher	Milch	1 1/4 Becher
1 EL	Butter	1 1/2 EL
3 EL	Zucker	4 1/2 EL
1 TL	Salz	1 1/2 TL
2 Becher	Weizenmehl	3 Becher
2 TL	Trockenhefe	1 EL
1/4 Becher	Rosinen	6 EL
1 1/2 EL	sehr weiche Butter	2 EL
1/4 Becher	brauner Zucker	6 EL
1 TL	Zimt	1 1/2 TL

ZUBEREITUNG

Die ersten sechs Zutaten in der vom Gerätehersteller empfohlenen Reihenfolge in den Teigbehälter des Brotbackautomaten geben. Das Teigprogramm für Weißbrot wählen und auf Start drücken. Die Rosinen nach dem ersten Knetvorgang zufügen.

Die Butter aus dem Kühlschrank nehmen, damit sie weich wird. Braunen Zucker und Zimt vermischen. Eine 25 cm große Kastenform (sie ist für beide Rezepte ausreichend groß) mit Butter einfetten.

Den fertigen Teig aus dem Behälter nehmen. Kurz durchkneten und 5 Minuten ruhen lassen. Dann auf der leicht bemehlten Arbeitsfläche zu einem Rechteck von etwa 20 cm Breite und 40 cm Länge ausrollen. Den Teig mit Butter bestreichen und anschließend mit Zucker und Zimt bestreuen. Zu einer 20 cm langen, dicken Rolle aufwickeln und mit der Nahtstelle nach unten in die Kastenform legen. Locker abdecken und zum Gehen für 1 Stunde an einen warmen Platz stellen.

Das Wickelbrot bei 180 °C im vorgeheizten Backofen 25 bis 30 Minuten backen, bis es goldbraun ist. Aus der Kastenform nehmen und wenigstens 30 Minuten abkühlen lassen, damit man sich nicht am heißen Zucker verbrennt.

Beignets

Diese kleinen, rautenförmigen Krapfen sind besonders in New Orleans beliebt, wo man sie traditionell warm zu einer Tasse Cafe au lait ißt.

4 DUTZEND	ZUTATEN	6 DUTZEND
2/3 Becher	Milch	1 1/4 Becher
1	Ei	1
2–3 Tropfen	Vanillearoma	4 Tropfen
2 EL	Butter	3 EL
1/4 Becher	Zucker	6 EL
1/2 TL	Salz	3/4 TL
1/4 TL	Muskatnuß	1/2 TL
2 1/2 Becher	Weizenmehl	3 3/4 Becher
1 1/2 TL	Trockenhefe	2 1/4 TL
	Öl zum Fritieren	
	Puderzucker	

ZUBEREITUNG

Die Zutaten – mit Ausnahme von Öl und Puderzucker – in der vom Gerätehersteller empfohlenen Reihenfolge in den Teigbehälter des Brotbackautomaten geben. Das Teigprogramm für Weißbrot wählen und auf Start drücken.

Den fertigen Teig herausnehmen. Kurz durchkneten und etwa 5 Minuten ruhen lassen. Dann auf der leicht bemehlten Arbeitsfläche zu einem Rechteck von gut 1 cm Dicke ausrollen. Diagonal in knapp 4 cm breite Streifen und anschließend quer dazu – mit Schnitten, die nicht ganz senkrecht zu den ersten Schnitten verlaufen – in kleine Rauten schneiden. Die Rauten auf ungefettete Backbleche legen. Locker abdecken und zum Gehen 45 Minuten an einen warmen Platz stellen.

In einen hohen schweren Topf oder einen Wok mindestens 7,5 cm hoch Öl gießen. Das Öl auf 180 °C bis 190 °C erhitzen. Die Temperatur immer wieder kontrollieren, da sie sehr rasch ansteigen kann. Die Beignets portionsweise in das heiße Öl gleiten lassen, aber nicht zuviele auf einmal hineingeben. Sie steigen nach oben an die Oberfläche. Die Krapfen 2 bis 3 Minuten fritieren, bis sie auf der Unterseite goldbraun sind. Dann wenden und auf der anderen Seite ebenfalls 2 bis 3 Minuten fritieren. Die Beignets, wenn nötig, mit einem großen Löffel oder dergleichen nach unten drücken, damit sie sich nicht wieder mit der unfritierten Seite nach oben drehen.

Die fertigen Beignets mit einem Schaumlöffel herausnehmen und kurz über dem Öl abtropfen lassen. Anschließend auf mehrere Lagen Küchenkrepp legen. Mit Puderzucker bestreuen. Da die Beignets am besten warm schmecken, hält man sie im Backofen warm, bis alle Krapfen fritiert sind. Darauf achten, daß die Temperatur des Öls wieder 180 °C bis 190 °C beträgt, bevor die nächste Portion fritiert wird.

Calas

Diese süßen Reiskrapfen sind eine Spezialität aus New Orleans. Die gekochten Reiskörner im Teig lösen sich beim Fritieren praktisch auf, und es entsteht ein herrlich lockeres Gebäck.

30 STÜCK	ZUTATEN	45 STÜCK
2	Eier	3
10 Tropfen	Vanillearoma	15 Tropfen
6 EL	Zucker	1/2 Becher
1/2 TL	Salz	3/4 TL
1/2 TL	Muskatnuß	3/4 TL
1/2 TL	Zitronenschale	3/4 TL
2 Becher	gekochter Reis	3 Becher
2 Becher	Weizenmehl	3 Becher
1 TL	Trockenhefe	1 1/2 TL

Öl zum Fritieren
Puderzucker

ZUBEREITUNG

Die Zutaten – mit Ausnahme von Öl und Puderzucker – in der vom Gerätehersteller empfohlenen Reihenfolge in den Teigbehälter des Brotbackautomaten geben. Das Teigprogramm für Weißbrot wählen und auf Start drücken.

Den fertigen Teig herausnehmen. Kurz durchkneten und etwa 5 Minuten ruhen lassen. Dann walnußgroße Teigstücke abnehmen und auf ein gefettetes Backblech legen. (Die Hände, wenn nötig, leicht bemehlen, damit der klebrige Teig nicht daran haften bleibt.) Locker abdecken und zum Gehen 1 Stunde an einen warmen Platz stellen.

In einen hohen schweren Topf oder einen Wok mindestens 7,5 cm hoch Öl gießen. Das Öl auf 180 °C bis 190 °C erhitzen. Die Temperatur immer wieder kontrollieren, da sie sehr rasch ansteigen kann. Die Reiskrapfen portionsweise in das heiße Öl gleiten lassen, aber nicht zuviele auf einmal hineingeben. Sie steigen nach oben an die Oberfläche. Die Krapfen etwa 2 Minuten fritieren, bis sie auf der Unterseite goldbraun sind. Dann wenden und auf der anderen Seite ebenfalls 2 Minuten fritieren.

Die fertigen Krapfen mit einem Schaumlöffel herausnehmen und kurz über dem Öl abtropfen lassen. Anschließend auf mehrere Lagen Küchenkrepp legen. Mit Puderzucker bestreuen. Calas sollten warm serviert werden, so daß man sie am besten im Backofen warm hält, bis alle Krapfen fritiert sind. Darauf achten, daß die Temperatur des Öls wieder 180 °C bis 190 °C beträgt, bevor die nächste Portion fritiert wird.

Amerikanische Doughnuts

Mit Zucker bestreut oder mit Zuckerglasur überzogen schmeckt dieses bekannte amerikanische Gebäck einfach köstlich.

8 – 10 Stück	Zutaten	12 – 15 Stück
1/2 Becher	Milch	7/8 Becher
1	Ei	1
2 EL	Butter	3 EL
1/4 Becher	Zucker	6 EL
1/2 TL	Salz	3/4 TL
2 Becher	Weizenmehl	3 Becher
1 1/2 TL	Trockenhefe	2 1/4 TL

Öl zum Fritieren

Verschiedene Zuckerüberzüge

Puderzucker

Zucker und Zimt

Zuckerglasur (siehe unten)

Zuckerglasur

3/4 Becher Puderzucker

2–3 Tropfen Vanillearoma

1 EL warme Milch

Zubereitung

Die Zutaten – mit Ausnahme von Öl und den Zutaten für den Zuckerüberzug – in der vom Gerätehersteller empfohlenen Reihenfolge in den Teigbehälter des Brotbackautomaten geben. Das Teigprogramm für Weißbrot wählen. Den fertigen Teig herausnehmen. Kurz durchkneten und etwa 5 Minuten ruhen lassen. Dann auf der leicht bemehlten Arbeitsfläche zu einem Rechteck von knapp 1 cm Dicke ausrollen. Den Teig mit einem Doughnut-Ausstecher oder einem runden Keksausstecher von 7,5 cm Durchmesser ausstechen. Wird kein spezieller Doughnut-Ausstecher benutzt, zusätzlich in der Mitte der Teigscheiben ein gut 1 cm großes Loch ausstechen. Die Teigabschnitte zusammenkneten und 5 Minuten ruhen lassen. Dann erneut ausrollen und weitere Doughnuts ausstechen. Die Doughnuts auf ungefettete Backbleche legen. Locker abdecken und 45 Minuten bis 1 Stunde an einem warmen Platz gehenlassen, bis sich das Teigvolumen verdoppelt hat.

Etwa 15 Minuten vor Ende der Gehzeit einen hohen schweren Topf oder einen Wok mindestens 7,5 cm hoch mit Öl füllen. Das Öl auf 180 °C bis 190 °C erhitzen. Die Temperatur immer wieder kontrollieren, da sie sehr rasch ansteigen kann. Zwei oder drei Doughnuts in das heiße Öl gleiten lassen und 1 1/2 bis 2 1/2 Minuten fritieren, bis sie auf der Unterseite goldbraun sind. Dann wenden und auf der anderen Seite fritieren.

Die fertigen Doughnuts mit einem Schaumlöffel herausnehmen und kurz über dem Öl abtropfen lassen. Anschließend auf mehrere Lagen Küchenkrepp legen. Darauf achten, daß die Temperatur des Öls wieder 180 °C bis 190 °C beträgt, bevor die nächste Portion fritiert wird.

Puderzucker oder eine Mischung aus Zimt und Zucker mit jeweils zwei Doughnuts in eine Papiertüte geben und schütteln, bis das Gebäck mit Zucker überzogen ist.

Alternativ die Zutaten für die Zuckerglasur verrühren und die Doughnuts auf der Oberseite damit überziehen.

KOLATSCHEN

Dieses böhmische Hefeteiggebäck ist mit Obst oder Quark gefüllt und wird gerne zu Ostern oder Weihnachten gegessen. Außer den beiden unten aufgeführten Füllungen eignen sich auch andere Obst-, Nuß- oder Mohnfüllungen. Zu besonderen Anlässen sollte man Kolatschen mit verschiedenen Füllungen zubereiten.

16 STÜCK	ZUTATEN	24 STÜCK
1	Ei	1 + 1 Eigelb
1/2 Becher	Milch	3/4 Becher
50 g	Butter	85 g
1/4 Becher	Zucker	6 EL
1/2 TL	Salz	3/4 TL
2 Becher	Weizenmehl	3 Becher
1 1/2 TL	Trockenhefe	2 1/4 TL
	Puderzucker	

APRIKOSENFÜLLUNG
(Für 16 Kolatschen)

1/2 Becher kleingeschnittene Trockenaprikosen
1/3 Becher Zucker
2 EL Aprikosen-Weinbrand, Orangenlikör oder Orangensaft

QUARKFÜLLUNG
(Für 24 Kolatschen)

85 g weicher Frischrahmkäse
2/3 Becher Ricotta, Flüssigkeit abgegossen
1 Eigelb
3 EL Zucker
1/2 TL frisch gepreßter Zitronensaft

ZUBEREITUNG

Die Zutaten für den Teig in der vom Gerätehersteller empfohlenen Reihenfolge in den Teigbehälter des Brotbackautomaten geben. Das Teigprogramm für Weißbrot wählen und auf Start drücken.
Zwei Backbleche dünn mit Öl einfetten.
Den fertigen Teig aus dem Behälter nehmen und kurz durchkneten. Für das kleinere Rezept in 16 gleiche Stücke, für das größere Rezept in 24 Stücke schneiden. Die Teigstücke jeweils zu Kugeln rollen und etwas flachdrücken. Mit gut 2 cm Abstand auf die Backbleche legen. Locker abdecken und etwa 45 Minuten an einem warmen Platz gehenlassen, bis sich das Teigvolumen verdoppelt hat.
Den Backofen auf 190 °C vorheizen. Mit dem Finger in jede Teigkugel behutsam eine Vertiefung drücken, ohne daß der Teig wieder zusammenfällt. Das Loch vorsichtig mit dem Finger vergrößern. Jeweils etwa 1 EL Füllmasse (siehe unten) in die Kolatschen geben. Dann 15 bis 20 Minuten backen, bis sie goldbraun sind. Die warmen Kolatschen mit Puderzucker bestreuen.

APRIKOSENFÜLLUNG

Die Aprikosen in einen kleinen Topf geben und mit Wasser bedecken. Zum Kochen bringen, dann auf sehr schwache Hitze herunterschalten. Die Aprikosen köcheln lassen, damit das Wasser verdampft. Häufig umrühren und aufpassen, daß die Aprikosen nicht anbrennen. Wenn das Wasser fast vollständig verkocht ist, Zucker und Schnaps oder Orangensaft zugeben und alles etwa 1 Minute erhitzen, bis sich der Zucker aufgelöst hat. Etwas abkühlen lassen und anschließend im Mixer pürieren.

QUARKFÜLLUNG

Die Zutaten zu einer glatten Masse verrühren.

Sopaipillas

Dieses mexikanische Gebäck wird mit Zucker überzogen und mit Honig serviert.

16 STÜCK	ZUTATEN	25 STÜCK
1/3 Becher	Wasser	1 1/2 Becher
1/3 Becher	Milch	1/2 Becher
1 EL	Schweineschmalz oder gehärtetes Pflanzenfett	1 1/2 EL
1 EL	Zucker	1 1/2 EL
1/2 TL	Salz	3/4 TL
2 Becher	Weizenmehl	3 Becher
1 1/2 TL	Trockenhefe	2 1/4 TL
	Öl zum Fritieren	
	Puderzucker	

ZUBEREITUNG

Die Zutaten – mit Ausnahme von Öl und Puderzucker – in der vom Gerätehersteller empfohlenen Reihenfolge in den Teigbehälter des Brotbackautomaten geben. Das Teigprogramm für Weißbrot wählen und auf Start drücken.

Den fertigen Teig herausnehmen. Kurz durchkneten und etwa 5 Minuten ruhen lassen. Dann auf der leicht bemehlten Arbeitsfläche zu einem Rechteck von knapp 1 cm Dicke ausrollen und in 5 cm große Quadrate schneiden. Die Teigquadrate auf ungefettete Backbleche legen. Locker abdecken und etwa 15 Minuten an einem warmen Platz gehenlassen, während das Öl erhitzt wird.

In einen hohen schweren Topf oder einen Wok mindestens 7,5 cm hoch Öl gießen. Das Öl auf 180 °C bis 190 °C erhitzen. Die Temperatur immer wieder kontrollieren, da sie sehr rasch ansteigen kann. Die Sopaipillas portionsweise in das heiße Öl gleiten lassen. Das Gebäck 1 1/2 bis 2 Minuten goldbraun fritieren; zwischendurch einmal wenden.

Das Gebäck mit einem Schaumlöffel herausnehmen und über dem Öl abtropfen lassen. Anschließend auf mehrere Lagen Küchenkrepp legen. Mit Puderzucker bestreuen.

Darauf achten, daß die Temperatur des Öls wieder 180 °C bis 190 °C beträgt, bevor die nächste Portion fritiert wird.

Nusshörnchen

Diese süßen Hörnchen mit Pekannüssen, braunem Zucker und Zimt sind einfach unwiderstehlich.

16 STÜCK	ZUTATEN	24 STÜCK
1	Ei	1
2/3 Becher	Milch	1 1/4 Becher
1/4 Becher	Butter	6 EL
1/4 Becher	Zucker	6 EL
1/2 TL	Salz	3/4 TL
2 1/2 Becher	Weizenmehl	3 3/4 Becher
2 TL	Trockenhefe	1 EL
	FÜLLUNG	
2 EL	sehr weiche Butter	3 EL
1/3 Becher	brauner Zucker	1/2 Becher
1 TL	Zimt	1 1/2 TL
1/2 Becher	feingehackte Pekannüsse	3/4 Becher

ZUBEREITUNG

Die Zutaten für den Teig in der vom Gerätehersteller empfohlenen Reihenfolge in den Teigbehälter des Brotbackautomaten geben. Das Teigprogramm für Weißbrot wählen und auf Start drücken.

Den fertigen Teig herausnehmen und kurz durchkneten. Für das kleinere Rezept in zwei Hälften, für das größere Rezept in drei Portionen teilen. Den Teig 5 Minuten ruhen lassen. Zwei oder drei Backbleche mit Öl einfetten.

Die Teigportionen auf der leicht bemehlten Arbeitsfläche jeweils zu einem Kreis von etwa 20 cm Durchmesser ausrollen. Mit der weichen Butter bestreichen. Zucker und Zimt vermischen und mit den Pekannüssen auf den Teig streuen.

Jeden Kreis – wie eine Torte – in acht Stücke schneiden. Die Teigstücke von der breiten Seite aus locker zur Spitze hin aufrollen. Behutsam langziehen und zu einem Hörnchen formen. Mit der Naht nach unten auf die Backbleche legen.

Die Hörnchen etwa 1 Stunde gehenlassen, bis der Teig sein Volumen verdoppelt hat. Dann bei 190 °C im vorgeheizten Backofen 12 bis 15 Minuten backen.

Apfelkuchen

Für diesen einfachen Obstkuchen kann man anstelle von Äpfeln auch weiche Früchte wie Pfirsiche oder Aprikosen nehmen, die vor dem Backen nicht gekocht zu werden brauchen.

500 GRAMM	ZUTATEN	750 GRAMM
1	Ei	1
1/2 Becher	Milch	7/8 Becher
1/4 Becher	Butter	6 EL
1/4 Becher	Zucker	6 EL
1/2 TL	Salz	3/4 TL
2 Becher	Weizenmehl	3 Becher
1 1/2 TL	Trockenhefe	2 1/4 TL
	BELAG	
3 Becher	geschälte, in Scheiben geschnittene Äpfel	4 1/2 Becher
1 TL	frisch gepreßter Zitronensaft	1 TL
1/4 Becher	Weizenmehl	6 EL
1/4 Becher	Zucker	1/2 Becher
1 TL	Zimt	1 1/2 TL
2 EL	weiche Butter	3 EL

ZUBEREITUNG

Die Zutaten für den Teig in der vom Gerätehersteller empfohlenen Reihenfolge in den Teigbehälter des Brotbackautomaten geben. Das Teigprogramm für Weißbrot wählen und auf Start drücken.

Den Belag vorbereiten, während der Teig geht. Dazu die Äpfel zusammen mit dem Zitronensaft und etwa 1/4 Becher Wasser in einen Topf geben. Das Wasser zum Kochen bringen, dann die Hitze reduzieren und die Apfelstücke unter häufigem Rühren 7 bis 10 Minuten köcheln lassen, bis sie gerade weich werden. Wenn nötig, noch etwas Wasser zufügen, damit die Äpfel nicht anbrennen; es sollte sich jedoch so wenig Flüssigkeit wie möglich im Topf befinden, wenn die Äpfel fertig sind.

In der Zwischenzeit Mehl, Zucker und Zimt vermischen. 3 EL dieser Mischung unter die vorgegarten Äpfel heben. Für die Streusel die weiche Butter mit der restlichen Mehl-Zucker-Zimt-Mischung vermengen. Äpfel und Streusel beiseite stellen, bis der Teig fertig ist.

Eine runde Backform von 24 cm Durchmesser (ich bevorzuge eine Springform) oder eine 22,5 cm große quadratische Backform für das kleinere Rezept oder zwei runde Backformen von 20 cm Durchmesser für das größere Rezept mit Butter einfetten. Den fertigen Teig aus dem Behälter nehmen. Kurz durchkneten und 5 Minuten ruhen lassen. Dann ausrollen und den Boden der Backform oder der Backformen damit auslegen. Den Teig mit den Händen andrücken. Die Äpfel und anschließend die Streusel darauf verteilen. Abdecken und 15 bis 20 Minuten zum Gehen an einen warmen Platz stellen. Den Backofen auf 180 °C vorheizen. (Läßt man den Hefeteig, wie oben angegeben, nur kurz gehen, wird er beim Backen fester. Verlängert man die Gehphase, wird der Teig lockerer und ähnelt mehr einem Brot.) Den Kuchen 30 bis 35 Minuten backen, bis der Rand goldbraun ist.

Festtagsbrote

Dreikönigsbrot

Dieses Brot wird in Mexiko und Puerto Rico zum Fest der Heiligen Drei Könige am 6. Januar gegessen. Im Rosca de los Reyes kann eine winzige Keramikfigur, eine Münze oder eine Limabohne eingebacken sein. Wer sie findet, gibt zu Mariä Lichtmeß am 2. Februar ein Fest.

500 Gramm	Zutaten	750 Gramm
1	Ei	1 + 1 Eigelb
1/2 Becher	Wasser	3/4 Becher
2 EL	Milchpulver	3 EL
1/4 Becher	Butter	6 EL
3 EL	Zucker	4 1/2 EL
2 TL	abgeriebene Orangenschale	1 EL
1 TL	Salz	1 1/2 TL
2 Becher	Weizenmehl	3 Becher
2 TL	Trockenhefe	1 EL
3 EL	gehackte Walnüsse	4 1/2 EL
2 EL	Rosinen	3 EL
3 EL	kandierte Kirschen	4 1/2 EL

Glasur

100 g Puderzucker
1 EL Milch oder Sahne
1–2 Tropfen Vanillearoma

Zubereitung

Die Zutaten für den Teig – mit Ausnahme der Früchte und Nüsse – in der vom Gerätehersteller empfohlenen Reihenfolge in den Teigbehälter des Brotbackautomaten geben. Das Teigprogramm für Weißbrot wählen und auf Start drücken. Früchte und Nüsse im Anschluß an die Signaltöne oder nach dem ersten Knetvorgang zufügen.
Den fertigen Teig herausnehmen, kurz durchkneten und 5 Minuten ruhen lassen. Ein 45 cm großes Backblech mit Butter einfetten. Den Teig zu einem Strang rollen, der für das größere Rezept etwa 60 cm lang ist. Die Teigenden zusammennehmen, so daß ein Kranz entsteht, und das Brot auf das Backblech legen. Eine kleine Keramikfigur, eine Bohne oder eine in Alufolie gewickelte Münze von unten in den Teig stecken. Das Brot abgedeckt 45 Minuten bis 1 Stunde an einen warmen Platz stellen, bis sich das Teigvolumen verdoppelt hat.
Im vorgeheizten Backofen (200 °C) etwa 25 Minuten backen. Für die Glasur Zucker, Milch und Vanille verrühren. Wenn nötig, etwas mehr Milch zufügen; die Glasur darf jedoch nicht zu dünnflüssig werden. Wenn das Brot ein wenig abgekühlt ist, mit der Glasur beträufeln.

Pan de Muertos (Allerheiligen-Brot)

Dieses süße, mit Orangenschale und Anis aromatisierte Brot wird mit einem aus Teig geformten Totenkopf und zwei überkreuzten Knochen verziert und in Mexiko traditionell zu Allerheiligen und Allerseelen gegessen. An diesen »Festtagen der Toten« besuchen die Mexikaner die Gräber ihrer verstorbenen Verwandten und legen dort Blumen und Essen nieder. Das Brot wird von Hand geformt und auf konventionelle Weise im Ofen gebacken.

Zutaten

4 EL Wasser
4 EL Milch
2 Eier
1/4 Becher Butter
1/4 Becher Zucker
1/2 TL Salz
1 TL Orangenschale
1/2 TL Anissamen
3 Becher Weizenmehl
1 EL Trockenhefe
1 Eiweiß
2 EL Wasser
2 TL Zucker
1/4 TL Zimt

Zubereitung

Die Zutaten – mit Ausnahme der letzten vier – in der vom Gerätehersteller empfohlenen Reihenfolge in den Teigbehälter des Brotbackautomaten geben. Das Teigprogramm für Weißbrot wählen und auf Start drücken.

Ein Backblech einfetten. Für die Glasur das Eiweiß mit 2 EL Wasser verrühren.

Den fertigen Teig aus dem Behälter nehmen und kurz durchkneten. Etwa 1/3 Becher Teig abnehmen. Den Rest zu einem großen runden Brot von etwa 5 cm Dicke formen und auf das Backblech legen. Den abgenommenen Teig in drei gleiche Portionen teilen. Zwei Teigstücke zwischen den Handflächen zu dünnen Strängen rollen. Die Enden ein wenig flachdrücken, damit sie Knochen ähneln. Dann in die Eiweißmischung tauchen und zu einem X auf das Brot legen, damit sie wie zwei gekreuzte Knochen aussehen. Das verbliebene Teigstück zu einem Kreis flachdrücken und etwas in die Länge ziehen, so daß es einem Totenschädel ähnelt. In die Eiweißmischung tauchen und oberhalb der gekreuzten Knochen behutsam auf das Brot drücken. Nach Belieben Tränen oder Gesichtszüge formen. Das Brot mit dem verquirlten Eiweiß bestreichen. Locker abdecken und für 30 bis 45 Minuten an einen warmen Platz stellen, bis es schön aufgegangen ist. Den Backofen auf 190 °C vorheizen. Das Brot erneut mit verquirltem Eiweiß bestreichen. Zucker und Zimt mischen und auf das Brot streuen. 30 bis 35 Minuten backen, bis das Brot gebräunt ist und eine schöne Kruste hat.

Rosinenbrötchen

Diese Rosinenbrötchen heißen in England »Hot Cross Buns« und werden dort, mit einem Kreuz verziert, traditionell am Karfreitag gegessen. Ohne Kreuz sind es leckere Frühstücksbrötchen, die man das ganze Jahr hindurch genießen kann.

12 – 16 STÜCK	ZUTATEN	18 – 24 STÜCK
1	Ei	1 + 1 Eigelb
1/2 Becher	Milch	3/4 Becher
1/4 Becher	Butter	1/3 Becher
1/4 Becher	Zucker	6 EL
1 TL	abgeriebene Zitronenschale	1 1/2 TL
1/2 TL	Zimt	3/4 TL
1/4 TL	geriebene Muskatnuß	1/2 TL
1/8 TL	gemahlene Nelken	1/4 TL
1/2 TL	Salz	3/4 TL
2 Becher	Weizenmehl	3 Becher
2 TL	Trockenhefe	1 EL
1/4 Becher	Korinthen oder Rosinen	1/2 Becher

GLASUR

1/2 Becher Puderzucker
1 EL Milch oder Sahne
1/2 TL Zitronensaft

ZUBEREITUNG

Die Zutaten – mit Ausnahme der Korinthen oder Rosinen – in der vom Gerätehersteller empfohlenen Reihenfolge in den Teigbehälter des Brotbackautomaten geben. Das Teigprogramm für Weißbrot wählen und auf Start drücken. Die Korinthen oder Rosinen nach dem ersten Knetvorgang oder im Anschluß an die Signaltöne für die Zugabe von Früchten zufügen.

Für das kleinere Rezept eine gut 20 cm große quadratische Backform oder eine runde Backform von 25 cm Durchmesser dünn mit Öl einfetten, für das größere Rezept eine etwa 20 x 30 cm große Backform oder zwei 20 x 20 cm große quadratische Formen verwenden.

Den fertigen Teig aus dem Behälter nehmen und kurz durchkneten. Für das kleinere Rezept in 12 bis 16 gleichgroße Stücke schneiden, für das größere Rezept in 18 bis 24 Stücke. Die Teigstücke jeweils zu Kugeln rollen und mit gut 1 cm Abstand in die Backform setzen. Locker abdecken und 45 Minuten bis 1 Stunde an einen warmen Platz stellen, bis sich das Teigvolumen verdoppelt hat.

Den Backofen auf 190 °C vorheizen. Mit einem scharfen Messer oder einer Rasierklinge in jedes Brötchen ein Kreuz schneiden. Die Brötchen 12 bis 15 Minuten backen, bis an einem hineingestochenen Holzspießchen kein Teig mehr haften bleibt.

Die Zutaten für die Glasur verrühren. Wenn nötig, weiteren Puderzucker oder noch etwas Milch zufügen, damit die Glasur auf den Brötchen verläuft, aber nicht zu dünnflüssig ist. Die Brötchen etwas abkühlen lassen. Dann jeweils etwas Zuckerglasur in die eingeritzten Kreuze träufeln.

Panettone

Dieses italienische Weihnachtsbrot erkennt man an seiner hohen, gewölbten Form.

500 GRAMM	ZUTATEN	750 GRAMM
4 EL	Milch	6 EL
2	Eier	3
3 EL	Butter	4 1/2 EL
3 EL	Zucker	4 1/2 EL
1/2 TL	Salz	3/4 TL
1 TL	Zitronenschale	1 1/2 TL
5 Tropfen	Vanillearoma	7 Tropfen
1/2 TL	Anissamen	3/4 TL
2 Becher	Weizenmehl	3 Becher
2 TL	Trockenhefe	1 EL
3 EL	Pinienkerne	4 1/2 EL
2 EL	Rosinen	3 EL
1/4 Becher	kandierte Früchte	1/3 Becher
1 EL	Weizenmehl	1 EL

ZUBEREITUNG

Die Zutaten – mit Ausnahme von Pinienkernen, Rosinen, gehackten Früchten und dem letzten Eßlöffel Mehl – in der vom Gerätehersteller empfohlenen Reihenfolge in den Teigbehälter des Brotbackautomaten geben. Das Teigprogramm für Weißbrot wählen und auf Start drücken.
Da der Gärprozeß der Hefe durch allzuviel Zucker beeinträchtigt wird, die Früchte nach der ersten Gehphase von Hand unterarbeiten. Den Teig herausnehmen und kurz durchkneten. Die kandierten Früchte mit 1 EL Mehl bestäuben und sie dann zusammen mit den Rosinen und Pinienkernen behutsam unter den Teig arbeiten. Den Teig in eine mit Butter eingefettete Backform geben und darin wenden, um ihn rundum mit Fett zu überziehen. Panettone wird traditionell in einer hohen, zylindrischen Form gebacken. Für das kleinere Rezept eignet sich eine 500-g-Kaffeedose, für das größere Rezept eine Kastenform. Den Teig locker abdecken und an einem warmen Platz gehenlassen.
Bei 180 °C im vorgeheizten Backofen etwa 30 Minuten backen, bis das Brot goldbraun ist.

LINKS Panettone

Challa

Dieses Brot aus Hefeteig mit Ei wird für den jüdischen Sabbat gebacken. Meistens ist es ein gerader Hefezopf, der jedoch auch wie eine Schlange zusammengerollt werden kann. Zu Rosch Ha-Schana, dem jüdischen Neujahrsfest, formt man als Symbol für ein an Gott gerichtetes Gebet auch einen Kranz.

500 GRAMM	ZUTATEN	750 GRAMM
2	Eier	3
4 EL	Wasser	6 EL
1 EL	Butter	1 1/2 EL
2 EL	Zucker	3 EL
1 TL	Salz	1 1/2 TL
2 Becher	Weizenmehl	3 Becher
2 TL	Trockenhefe	1 EL

GLASUR

1 Eigelb
1 TL Wasser
1–2 TL Mohnsaat

ZUBEREITUNG

Die Zutaten in der vom Gerätehersteller empfohlenen Reihenfolge in den Teigbehälter des Brotbackautomaten geben. Das Teigprogramm für Weißbrot wählen und auf Start drücken.
Den fertigen Teig herausnehmen und kurz durchkneten. Dann in drei gleiche Portionen schneiden. Jede Portion zu einem Strang von etwa 30 cm Länge (500-g-Rezept) bzw. 40 bis 45 cm Länge (750-g-Rezept) rollen. Aus den Teigsträngen einen Zopf flechten. Die Enden zusammendrücken und nach unten schlagen. Den Hefezopf abdecken und 45 Minuten bis 1 Stunde an einem warmen Platz gehenlassen, bis sich das Teigvolumen verdoppelt hat.
Den Backofen auf 180 °C vorheizen. Für die Glasur Eigelb und Wasser verquirlen. Das Brot dünn damit bestreichen und dann mit Mohn bestreuen.
30 bis 35 Minuten backen, bis der Hefezopf schön gebräunt ist.

Vanocka (Tschechisches Weihnachtsbrot)

Dieser Hefezopf mit Rosinen und Mandeln ist mit Ingwer und Muskatnuß gewürzt. Das Einarbeiten der Früchte in den Teig und das Fertigstellen des attraktiven Zopfes ist ein wenig zeitaufwendig. Der Brotzopf wird im Ofen gebacken. Der Teig läßt sich in einem Backautomaten für 500 g oder für 750 g schwere Brote zubereiten.

ZUTATEN

2/3 Becher Milch
1 Ei
1/4 Becher Butter
1/4 Becher Zucker
1 TL Salz
1/4 TL gemahlener Ingwer
1/4 TL geriebene Muskatnuß
1 TL abgeriebene Zitronenschale

3 Becher Weizenmehl
1 EL Trockenhefe
1/4 Becher Mandelstifte
1/4 Becher Rosinen
1 EL kandierte Orangenschale
1 Eigelb, mit 1 EL Wasser verquirlt
2 EL Mandelblättchen
Puderzucker

ZUBEREITUNG

Milch, Ei, Butter, Zucker, Salz, Gewürze, Zitronenschale, Mehl und Hefe in der vom Gerätehersteller empfohlenen Reihenfolge in den Teigbehälter des Brotbackautomaten geben. Das Teigprogramm für Weißbrot wählen und auf Start drücken. Die Mandelstifte können nach den Signaltönen für die Zugabe von Früchten zugefügt werden. Rosinen und kandierte Orangenschale jedoch erst später zugeben, da der zusätzliche Zucker in dem bereits recht süßen Teig das Gärvermögen der Hefe beeinträchtigen kann.

Ein Backblech von mindestens 35 cm Länge mit Öl einfetten. Den fertigen Teig aus dem Behälter nehmen und kurz durchkneten. Früchte und Mandeln unterkneten. Den Teig in vier gleiche Portionen schneiden. Drei davon jeweils zu einem etwa 45 cm langen Strang rollen. Aus den Teigsträngen einen Zopf flechten, die Enden zusammendrücken und den Zopf auf das Backblech legen.

Die verbliebene Teigportion vierteln. Wiederum drei davon zwischen den Handflächen zu etwa 45 cm langen Strängen rollen. Einen Zopf daraus flechten und diesen mittig auf den großen Zopf setzen. Mit angefeuchteten Fingern an der Unterseite des kleineren Zopfes entlangfahren und den Teig dann leicht auf dem unteren Zopf festdrücken. Die Teigenden zusammendrücken und unter die Enden des großen Zopfes stecken.

Den verbliebenen Teig in zwei gleiche Stücke teilen und jede Hälfte zu einem dünnen Strang von etwa 40 cm Länge rollen. Die beiden Stränge spiralförmig umeinanderschlingen und auf den kleinen Zopf legen. Mit angefeuchteten Fingern an der Unterseite der beiden Stränge entlangfahren und den Teig dann behutsam auf dem schmaleren Zopf festdrücken. Die Enden zusammendrücken und nach unten stecken. Die Zöpfe mit vier oder fünf Holzspießchen an ihrem Platz halten, damit sie nicht verrutschen, wenn der Teig geht. Locker abdecken und für etwa 1 Stunde an einen warmen Platz stellen, bis sich das Teigvolumen verdoppelt hat.

Den Backofen auf 190 °C vorheizen. Den Hefezopf dünn mit verquirltem Eigelb bestreichen, mit Mandelblättchen bestreuen und einige davon an den Seiten festdrücken. Den Brotzopf backen, bis er schön gebräunt ist und an einem in der Mitte hineingestochenen Holzspießchen kein Teig mehr haften bleibt. Den noch warmen Brotzopf mit Puderzucker bestreuen.

Mährisches Zuckerbrot

Dieses Rezept gelangte durch mährische Einwanderer in North Carolina bis in die Vereinigten Staaten von Amerika.

500 Gramm	Zutaten	750 Gramm
5 EL	Milch	1/2 Becher
1	Ei	1 + 1 Eigelb
1/3 Becher	zerdrückte Kartoffeln	1/2 Becher
3 EL	Butter	4 1/2 EL
1/4 Becher	Zucker	6 EL
1/2 TL	Salz	3/4 TL
2 Becher	Weizenmehl	3 Becher
1 1/2 TL	Trockenhefe	2 1/4 TL
	Belag	
1/4 Becher	brauner Zucker	1/3 Becher
1/2 TL	Zimt	3/4 TL
1/4 TL	geriebene Muskatnuß	1/4 TL
3 EL	Butter	4 1/2 EL

Zubereitung

Die Zutaten für den Teig in der vom Gerätehersteller empfohlenen Reihenfolge in den Teigbehälter des Brotbackautomaten geben. Das Teigprogramm für Weißbrot wählen und auf Start drücken. Für das kleinere Rezept eine 20 bis 25 cm große Kastenform, für das größere Rezept eine quadratische Backform von 20 bis 25 cm Größe bereitstellen. Den fertigen Teig aus dem Behälter nehmen und kurz durchkneten. In die gefettete Backform legen und darin wenden, um den Teig rundum mit Fett zu überziehen. Zugedeckt an einen warmen Platz stellen, bis sich das Teigvolumen verdoppelt hat. Den Backofen auf 190 °C vorheizen.

Die Zutaten für den Belag in einem kleinen Topf unter häufigem Rühren erhitzen, bis die Butter geschmolzen ist und sich der Zucker aufgelöst hat. Mit den Fingerspitzen behutsam kleine Vertiefungen in den Teig drücken. Die Zuckermischung darauf verteilen und das Brot 30 Minuten backen.

Schwedisches Weihnachtsbrot

Dieses dunkle, feste Roggenbrot wird mit dunklem Starkbier zubereitet und mit Orangenschale und Melasse aromatisiert. Am besten schmeckt es einfach nur mit Butter bestrichen.

500 Gramm	Zutaten	750 Gramm
3/4 Becher	dunkles Starkbier	1 1/4 Becher
1 EL	Pflanzenöl	1 1/2 EL
3 EL	Melasse	4 1/2 EL
1/2 TL	Salz	3/4 TL
3/4 Becher	Weizenmehl	1 Becher
1 1/2 Becher	Roggenmehl	2 1/4 Becher
1 EL	abgeriebene Orangenschale	1 1/2 EL
2 TL	Trockenhefe	1 EL
2 EL	kandierte Orangenschale	3 EL

Zubereitung

Die Zutaten – mit Ausnahme der kandierten Orangenschale – in der vom Gerätehersteller empfohlenen Reihenfolge in den Teigbehälter des Brotbackautomaten geben. Das Programm für Vollkornbrot (Bräunungsstufe: mittel) wählen. Die kandierte Orangenschale nach dem ersten Knetvorgang zufügen.

Griechisches Neujahrsbrot

Dieses leicht süße Brot, das mit Zitrusschale aromatisiert ist, wird in Griechenland traditionell am Silvesterabend gegessen. In das Brot wird eine Münze eingebacken, die demjenigen, der sie findet, Glück verheißt.

500 GRAMM	ZUTATEN	750 GRAMM
1	Ei	2 + 1 Eigelb
1/3 Becher	Milch	1/2 Becher
1/4 Becher	Butter	1/3 Becher
1/4 Becher	Zucker	6 EL
2 TL	abgeriebene Zitronenschale	1 EL
2 TL	abgeriebene Orangenschale	1 EL
1/2 TL	Salz	3/4 TL
2 Becher	Weizenmehl	3 Becher
2 TL	Trockenhefe	1 EL

GLASUR

1 Eiweiß, mit 2 TL Wasser verquirlt
2–3 EL Pinienkerne (oder Mandelstifte)
1–2 EL Zucker

ZUBEREITUNG

Die Zutaten für den Teig in der vom Gerätehersteller empfohlenen Reihenfolge in den Teigbehälter des Brotbackautomaten geben. Das Teigprogramm für Weißbrot wählen und auf Start drücken.

Den fertigen Teig herausnehmen. Kurz durchkneten und 5 Minuten ruhen lassen. Ein Backblech mit Butter einfetten. Den Teig für das kleinere Rezept zu einem etwa 75 cm langen Strang rollen, für das größere Rezept zu einem etwa 100 cm langen Strang. Den Teigstrang auf dem eingefetteten Backblech spiralförmig zusammenrollen. Vorsichtig anheben und von der Unterseite eine in Alufolie gewickelte Münze hineinstecken. Abdecken und 45 Minuten bis 1 Stunde an einen warmen Platz stellen, bis sich das Teigvolumen verdoppelt hat.

Das Brot mit verquirltem Eiweiß bestreichen. Dem Spiralmuster folgend, Pinienkerne in den Teig stecken. Das Brot mit Zucker bestreuen.

Bei 190 °C im vorgeheizten Ofen etwa 30 Minuten backen, bis das Brot goldbraun ist.

Register

Kursiv gesetzte Ziffern verweisen auf Abbildungen.